덥든 춥든
비 오든
우리는 논다

덥든 춥든 비 오든 우리는 논다

펴 낸 날/ 초판1쇄 2018년 11월 23일
지 은 이/ 윤일현·위건욱·김가현

펴 낸 곳/ 도서출판 기역
펴 낸 이/ 이대건
편   집/ 책마을해리

출판등록/ 2010년 8월 2일(제313-2010-236)
주   소/ 서울시 서대문구 북아현로 16길7 2층
         전북 고창군 해리면 월봉성산길 88 책마을해리
문   의/ (대표전화)02-3144-8665, (전송)070-4209-1709

ⓒ 윤일현 위건욱 김가현, 도서출판 기역 2018

ISBN 979-11-85057-58-3 03370

이 도서의 국립중앙도서관 출판예정도서목록(CIP)은 서지정보유통지원시스템
홈페이지(http://seoji.nl.go.kr)와 국가자료공동목록시스템(http://www.nl.go.kr/kolisnet)에서
이용하실 수 있습니다.(CIP제어번호: CIP2018037159)

덥든 춥든 비 오든 우리는 논다

바로 써 먹는 실내체육
51

윤일현 위건욱 김가현 지음

오늘 뭐하지?

3월 두근거리는 첫 만남!

선생님만큼이나 긴장했을 아이들의 첫 눈빛을 마주하며 이런 질문을 던져봅니다.

"올해 선생님께 바라는 점이 무엇인가요?"

다양한 대답이 쏟아져 나옵니다. 그 중에서 매년 빠지지 않고 나오는 이야기.

"체육."

"체육 많이 해 주세요.", "체육시간은 빼 먹지 마세요.", "체육이 좋아요."

매년 나오는 그 말을 들을 때마다 "그래, 너희에게 그토록 간절한 체육만큼은 어떤 일이 있어도 지켜줄게"라고 다짐해 봅니다.

하지만 그렇게 기다리던 체육시간을 가로 막는 장애물들이 여기저기서 나타납니다.

비와 눈으로 운동장을 사용할 수 없는 날,

미세먼지와 황사로 야외 활동을 제한한다는 소식,

체육관이 없거나 있다고 해도 다른 반이 배정되어 있는 경우 등…….

선생님을 바라보고 있는 아이들에게 실망감을 안겨 줄 수는 없었습니다.

해결 방법은 바로 "실내체육"이었습니다.

교실에서 체육수업을 해야 하는 상황, 또 다른 고민이 이어집니다.

'무엇을 하지?', '좁은 공간에서 하다가 다치지 않을까?'

'10분 정도면 활동이 끝나는데 나머지 시간은?'

이 책은 고민에 대한 해결에 도움을 줄 수 있습니다.

체육수업 결손을 방지하기 위해 다양한 체육활동을 교실이라는 공간 속으로 가져왔습니다. 한 차시 수업을 준비물, 공간 배치, 준비운동과 안전교육, 규칙과 활동, 적용발전, 정리하기 등으로 구성하여 누구나 따라할 수 있고, 여건에 맞게 자유롭게 변형해 나갈 수 있도록 하였습니다.

교실체육 51가지의 활동을 어떻게 분류해볼까, 고민하는 가운데 한권의 책이 떠올랐고 이 책을 근거로 크게 4가지로 제시하였습니다.

로제 카이와는 그의 저서 『놀이와 인간』에서 놀이를 미미크리(Mimicry), 아곤(Agon), 알레아(Alea), 일링크스(Ilinx), 네 가지로 분류했습니다.

미미크리는 특정한 누군가를 흉내내거나 모방하는 놀이입니다. 교육적 의미는 자유롭게 다른 무엇인가를 연기하고 창작하는 기쁨을 맛본다는 데 있으며, 강제적이고 명확한 규칙에의 부단한 복종이 아니라 자연스러운 창조성을 발휘한다는 데 있습니다.

아곤은 경쟁놀이, 일정한 규칙 안에서 참가자들이 경쟁하는 것입니다. 공평한 게임룰에서 승자와 패자를 가르는 것이 놀이가 됩니다. 경쟁심과 승부욕을 자극하는 것이 좋은 게임규칙이 됩니다.

알레아는 우연놀이, 라틴어로 주사위 놀이라는 의미입니다. 본의의 의지보다는 순전히 운에 의해서 결정되는 놀이 유형입니다.

마지막으로 일링크스는 몰입놀이, 고도의 집중력을 의미합니다. 게임은 사용자에게 끊임없이 도전 과제를 던져 줍니다. 이 도전 과제를 해결하기 위해서 사용자는 자신의 한계에 도전하고 극복하면서 그 자체에 몰입하여 즐깁니다.

교실에서 이뤄지는 체육활동에 대해 고민하는 선생님들과 작은 공간에서도 아이들과 혹은 가까운 이들과 즐거운 활동을 하고 싶은 모든 분들에게 도움을 되길 바랍니다.

차례

1. 창의적 표현을! 미미크리

2. 선의의 경쟁을! 아곤

3. 행운에 기대며! 알레아

4. 한계에 도전을! 일링크스

1. 창의적 표현을! 미미크리

3초간 버티기!!

1. 선생님을 찾아라

교사가 아이의 삶을 바꿀 수 있을까요? 배움과 삶이 함께 하는 교육을 할 수 있을까요? 학교라는 틀 안에서 이뤄지는 수업을 통해 학생들의 삶에 변화를 줄 수 있을까요?

바꿀 수 있다고 생각했습니다. 많은 교사들이 바꾸려는 생각을 했을 겁니다. 저도 노력하였습니다. 하지만 시간이 지나서 알게 된 사실은 교사는 어느 정도까지만 영향을 준다는 것이었습니다. 안 되는 것도 많은데, 어떻게든 해보려고 시도했고, 해결 안 되는 상황으로 인해 자책도 많이 했습니다.

아이의 미래를 내가 원하는 대로 바꾸려는 것이 얼마나 어리석은지에 대해 생각했습니다. 욕심을 부리면서 스스로 만족하는 선택이 아니라, 아이들의 있는 모습 그대로를 이해하는 것이 더 필요하다는 것을 깨달았습니다. 그리고 지친 아이의 마음에 힘을 실어주는 것이 교사의 역할이라는 것과 아이는 자신이 할 수 있는 한도 내에서 최선의 선택을 한다는 것도 알게 되었습니다.

체육은 몸을 움직입니다. 움직임 속에 마음이 드러나게 됩니다. 교사의 마음에 들지 않더라도 그 모습 그대로 이해해주는 것이 필요합니다. 다른 이들은 관심 갖지 않더라도 아이의 마음속에 무엇이 있는지 살펴보고, 이를 이해해주는 이가 교사입니다. 아이들의 작은 동작과 표정을 보고 '괜찮아'라고 신호를 보내준다면, 그 신호를 받은 아이는 더 행복할 수 있으리라 생각됩니다. 삶을 바꾸려는 큰 욕심보다는 이런 사소한 실천이 아이들에게 필요합니다.

동작이 달라지는 순간 그 시작이 누구인지 찾아봐야 합니다.

시범을 보이는 선생님 역할의 친구는 마음껏 동작을 표현합니다.

주위를 살펴보면서 선생님을 찾아볼까요?

세움

- 준비물: 별도의 준비물 없음.
- 공간 배치: 책상과 의자를 최대한 앞으로 붙이고 넓은 활동 공간 마련

 깨움

① 발목 돌리기, 무릎 굽혀 펴기, 허리 돌리기, 팔 돌리고 스트레칭, 목 운동
② 주위를 다니면서 친구들과 가위, 바위, 보를 하거나, 인사를 하면서 몸을 가볍게 푼다.
③ 큰 원을 만들고, 가운데 시범 보일 학생이 들어간다.
④ 먼저 교사가 시범을 보인다.
⑤ 학생들은 교사의 동작을 보면서 따라 한다.

 배움

① 자연스럽게 원형으로 선다. 가운데 자리로 술래 역할을 하는 친구가 오고 눈을 가린다.
② 학생 중에서 한 명을 선생님 역할로 정한다. 선생님 역할을 하는 친구의 동작을 학급 친구들은 곁눈질로 보고 따라 한다.
③ 친구들이 하는 다양한 동작을 보다가 술래가 "찾았다"라고 외친다.
④ 술래가 "선생님은 ○○○"이라 말한다. 총 세 번의 기회가 있으며 선생님 역할의 친구를 찾으면 그 친구가 술래가 된다.

 바꿈

① 두 명의 친구가 선생님 역할을 할 수 있다.
② 이 경우 학생들은 두 명 중 원하는 동작을 따라 한다.

 나눔

① 활동을 하고 느낀 점을 서로 이야기한다.
② 손목, 발목, 허리를 풀어주는 정리운동을 실시하고 교실을 정리한다.

2. 내가 주인공

체육시간에서 가장 중요한 것은 안전입니다. 어떤 좋은 활동이라도 무리한 활동이거나 학생들이 다치면 안 됩니다. 그렇기에 아이들의 상태도 유심히 살펴봐야 하고, 안전교육도 잔소리처럼 매번 하게 됩니다. 모든 활동의 전과 후에는 아이들이 다치지 않기 위해 몸을 풀어줍니다. 준비운동과 정리운동이죠. 스트레칭을 하고, 여러 동작을 넣어 몸을 따뜻하게 해줍니다.

준비운동을 할 때는 교사의 신호에 맞춰 따라 합니다. 팔, 다리, 어깨, 목, 허리 등의 관절과 함께 심장에서 먼 곳부터, 또는 큰 동작에서 작은 동작으로 진행되는 패턴이 일정하기에 대부분 같은 동작이 반복됩니다.

학급의 체육부장을 맡은 학생이 준비운동을 할 수 있습니다. 별 것 아닐 수 있지만, 남 앞에 서서 뭔가를 한다는 것은 용기가 필요합니다. 피하고 싶은 경우도 있지만, 저학년의 경우 나서서 뭔가 하기를 원하기도 합니다.

체육시간의 일부를 아이들이 참여하여 운영하도록 하는 것이 어떨까요? 돌아가면서 준비운동을 하니 다소 어색하고 미흡한 부분도 있지만, 즐겁게 참여하는 모습을 볼 수 있을 겁니다. 부족하면 어떤가요? 아이들의 어색한 몸짓도 함께 따라한다면 즐거운 수업의 일부가 될 수 있습니다. '내가 어떻게 하지?'라는 생각과 함께 '다른 친구는 어떤 동작을 할까?'라는 생각을 하는 것이 즐거움이 될 수 있습니다. 주위를 좀 더 살펴보는 여유로움도 있고요. 교사가 부끄러워하지 않아야 합니다. 즐거운 동작과 표정으로 좀 익살스럽게 하는 것도 좋습니다.

아이들에게 한번 맡겨 보세요. 주인공을 한 번씩 경험하는 것이 큰 즐거움이 될 것입니다.

체육시간에 모두 주인공이 될 수 있어요.

한명 한명의 동작을 다른 친구들이 따라 하다 보면, 몸이 자연스럽게 풀려요.

교사가 먼저 시범을 보인다면 좋겠죠.

세움

- 준비물: 별도의 준비물 없음.
- 공간 배치: 서로가 서로를 마주 볼 수 있는 넓은 원을 만든다.

깨움

① "동작을 이어라"

   – 원형으로 만든 다음 한 명이 가운데로 나와 규칙적인 동작(예-팔 돌리기, 팔 벌려 뛰기)을
     일정하게 계속한다.

② 다른 한 명이 가운데로 나와 친구가 한 동작을 따라한다. 잘 따라 한다고 생각되면 처음에
　동작을 한 친구는 제자리로 돌아간다.
③ 제자리로 돌아가면 가운데에 있는 친구는 자연스럽게 다른 동작을 한다.
④ ②번과 ③번 동작을 계속 이어간다.
⑤ 교사가 가운데 들어가서 준비운동의 중요성에 대해 이야기한다.

 배움

① 자연스럽게 원형으로 선다.
② 학생 중 한명이 먼저 몸 푸는 동작을 한다.
③ ~⑤ 친구의 모습을 보면서 다른 친구들이 따라 한다. 돌아가면서 동작을 하고, 나머지 친
　구들은 그 동작을 따라 한다.

 바꿈

① 한 명의 친구가 할 수 있고, 돌아가면서 할 수 있다. 동작을 할 때는 천천히 진행한다.
② 준비운동을 한 후, 본인이 표현하고 싶은 동작을 하면서 자연스럽게 표현하도록 한다.
③ 본 활동은 준비운동으로 사용시 연결하여 다른 활동으로 전환할 수 있고, 표현활동으로 차
　시의 수업으로 활용할 수 있다.
④ 정리운동할 때도 돌아가면서 동작을 실시할 수 있다.

 나눔

① 활동을 하고 느낀 점을 서로 이야기한다.
② 손목, 발목, 허리를 풀어주는 정리운동을 실시하고 교실을 정리한다.

3. 스카프와 함께

어린 아이들은 놀고 싶어 합니다. 가정에서 교실에서 누군가와 함께 어울리고 놀잇감으로 재미있는 무언가를 찾습니다.

교실에선 책상도 의자도 심지어 책까지 놀이 도구가 됩니다. 주변의 다양한 소품들과 친구들 또는 부모님이 놀이 대상이 됩니다. 신체적, 인지적 능력이 미숙하지만 놀이 기회를 찾아 주변을 살펴봅니다. 놀거리가 있는지 뭔가 재밌는 것은 없는지를 찾아 탐색하는 것입니다. 어린 아이들도 자신의 능력에 대한 확신을 갖고 있고, 이를 확인하려는 욕구는 높습니다.

집에서 아이와 보자기로 논 적이 있습니다. 펼쳐서 던지고 받기, 눈을 가리고 움직이기 등 작은 소품이 큰 재미를 줍니다. 가정이나 교실에서 아이들과 가볍게 노는 것은 소소한 재미가 있습니다. 사람과의 관계에서 '가벼운 대화'가 윤활유와 같은 역할을 하는 것처럼 아이와 가볍게 노는 것도 관계 형성에 도움이 됩니다.

주변을 살펴보면 다양한 소품들이 있습니다. 이 책에서 많이 등장하는 원마커나 콩주머니, 훌라후프 등은 조금만 응용하면 즐거운 놀이가 됩니다.

'스카프와 함께'는 별다른 놀이판이 필요하지 않습니다. 방법도 쉽고 시간이 많이 드는 것이 아니기에 손쉽게 할 수 있는 놀이입니다. 자신의 신체적 능력을 확인할 수 있고, 몇 번 하다 보면 생각 이상으로 쉽게 할 수 있어 자신감도 생깁니다. 무리하지 않는 수준의 요구는 놀이를 더 흥겹게 할 수 있습니다. 개인이 하다가 친구와 함께 하는 활동이 들어가면서 즐거움은 더해집니다. 주변에 활용할 수 있는 나만의 놀이 소품을 찾게 해보는 것과 본래와 다른 용도로 활용하는 방안을 함께 나눠보는 것도 좋겠습니다.

스카프 하나로 다양한 활동을 할 수 있어요.

공중에 높이 띄우기, 박수치고 받기, 몸 돌려받기, 몸의 여러 부분으로 받기,

짝과 함께 받기. 스카프로 즐겁고 활기찬 체육시간을 만들어 볼까요?

세움

- 준비물: 스카프 또는 팀조끼
- 공간 배치: 아이들의 책상과 의자를 최대한 앞으로 붙이고 넓은 활동 공간을 마련

깨움

① 발목 돌리기, 무릎 굽혀 펴기, 허리 돌리기, 팔 돌리고 스트레칭, 목 운동
② "스카프와 친해지기"
- 서로 부딪치지 않을 정도로 서서 개인별로 스카프를 위로 던지고 받기 등 친해지는 활동을 해 본다.
- 신나는 음악을 틀어주면 더 좋다.
③ 게임규칙을 설명하면서 간단한 시범을 보인다.
④ 좁은 공간에서 움직일 때 친구들과 부딪치지 않도록 조심한다.

배움

① 스카프 공중에 띄우기
- 스카프를 위로 올려놓고 입으로 불어 공중에 띄워본다. 스카프가 없을 시 화장지를 사용해도 좋다.
② 스카프를 박수치기와 돌면서 받기
- 스카프를 위로 던지고 박수를 치며(1번, 2번, 3번……) 받아본다.
- 스카프를 위로 던지고 몸을 돌려서(1번, 2번, 3번……) 받아본다.
- 스카프를 위로 던지고 박수를 치면서 몸을 돌려 받아본다.
③ 스카프를 몸으로 받기
- 스카프를 던져 놓고 몸의 다양한 부분(손등, 어깨, 오른발, 머리, 배 등)으로 받아본다.
④ 꼬리잡기
- 스카프를 바지 뒤에 넣고(2/3는 밖으로 나와 있어야 함) 스카프를 빨리 빼면 이긴다.
- 교실 공간이 작으므로 3명 정도 팀을 이뤄 교대로 해 본다.
- 친구를 꼬집거나 손을 때리지 않도록 하고 자신의 꼬리를 잡으면 안 되고 눕거나 벽에 붙어도 안 된다.
- 교실 사물함과 책상 등에 부딪치지 않도록 관람하는 친구들이 도와준다.

바꿈

① 스카프를 가지고 활동할 때 적절한 음악을 틀어주면 더 좋다.

② 스카프가 없을 때에 팀조끼를 사용해도 괜찮다.

③ 꼬리잡기 활동 시 1대 1로 하여 이긴 아이는 질 때까지 하도록 변형해도 좋다.

나눔

① 활동을 하고 느낀 점(어려웠던 점, 재미있었던 점 등)을 서로 이야기한다.

② 손목, 발목, 허리를 풀어주는 정리운동을 실시하고 교실을 정리한다.

4. 음악 따라 몸 따라

춤을 추고 몸을 움직이는 것은 쉬운 듯 보이지만 막상 하려면 망설여지게 됩니다. 그것은 춤을 췄던 경험이 부족하거나 몸으로 감정을 표현하는 것이 서툴기 때문입니다. 교대에서 무용 수업을 하면서 창작 무용을 했던 기억이 납니다. 음악도 동작도 제대로 준비하지 못해서 그냥 시간 내내 강당 여기저기를 뛰어다녔습니다. '어찌나 창피하던 지……' 이렇듯 당혹스럽고 어색한 시간을 보냈던 기억이 있기에, 아이들과 음악에 맞춰 무엇을 할 수 있을까라는 두려움이 있었습니다. 그래서 현장에서 춤이라는 거창한 단어보다 표현활동이라는 주제로 아이들과 함께 활동을 했습니다. 아이들의 모델이 되는 교사의 특성상 아이들 앞에서 몸으로 표현해야 하는 경우가 많습니다. 교사의 동작을 아이들은 따라 하고, 나름대로 변형하기도 합니다. 그것은 보다 큰 동작으로 표현이 됩니다. 교사의 손짓이 아이들에게 몸짓이 되고, 교사의 움직임이 아이들은 큰 동작이 됩니다. 손을 들면 만세를 하고, 앞에서 몸을 흔들면 나와서 춤을 추기도 합니다.

아이들이 원하는 춤은 방송에서 나오는 현란한 동작이 아니라 편하게 몸을 움직이는 적당히 부끄럽지 않는 그리고 다른 이와 함께 하는 몸짓입니다.

즐거운 마음으로 참여할 수 있는 것이 멋진 춤보다 중요합니다. 마음이 즐거워지면 몸도 움직이는 자연스러운 흐름을 경험하는 것이 중요합니다. 한명이 하는 것보다 친구들과 함께 의논하고 소통하면서 동작을 만들어가는 것은 결과뿐 아니라 참여하는 과정 자체가 즐거움이 됩니다.

개개인의 창의성을 하나로 모아 작품을 만드는 것은 쉬운 일은 아니지만, 어렵지도 않습니다. 결코 많은 시간이 필요하지 않습니다. 아이들이 할 수 있는 즉흥적인 동작과 행동을 하나로 엮을 수 있는 분위기만 조성되면 신나게 참여하는 모습도 볼 수 있습니다.

'신나게 춤을 추고 나니 마음이 가벼워지고 제 자신이 더 밝아진 느낌이에요. 또 하면 좋겠어요'라는 한 학생의 반응처럼 음악과 몸짓을 통해 교실이 더 밝아졌으면 좋겠습니다.

친구들과 함께 음악을 정하고 노래 가사에 맞추어 몸으로 표현해요.

같은 동작을 함께 하거나 각자 해도 좋아요.

창의적으로 마음껏 표현해 볼까요?

세움

- 준비물: 아이들이 선택한 음악
- 공간 배치: 아이들의 책상과 의자를 최대한 앞으로 붙이고 넓은 활동 공간을 마련

 깨움

① 발목 돌리기, 무릎 굽혀 펴기, 허리 돌리기, 팔 돌리고 스트레칭, 목 운동
② '정지동작으로 꾸며요'
  – 모둠별로 진행한다.
  – 교사가 요구하는 단어를 듣고(예–학교, 여름, 운동경기 등) 모둠별로 이야기하여 떠오르는
    느낌, 모습을 정지동작으로 꾸며본다.

❶

❷ 　　❸

③ 게임규칙을 설명하면서 간단한 시범을 보인다.
④ 다른 모둠이 활동할 때 바른 태도로 관람하도록 한다.

배움

① 모둠으로 나눈다.

② 모둠에서 선택한 노래 가사를 인쇄해 주고 연습할 시간을 준다.(모둠에서 선택하기 힘들면 교사가 제시해 준다.)

③ 모둠별로 음악에 맞춰 창의적으로 표현해 본다.

④ 한 모둠이 끝나면 관람하면서 느꼈던 점(재미있게 표현된 부분, 창의적으로 잘 표현된 부분, 제일 잘한 친구와 이유 등)을 서로 이야기해 보고 다음 모둠이 활동을 한다.

 나눔

① 활동을 하고 느낀 점(어려웠던 점, 재미있었던 점, 잘된 점)을 서로 이야기한다.

② 손목, 발목, 허리를 풀어주는 정리운동을 실시하고 교실을 정리한다.

5. 공든 탑이 무너지랴?

사람은 함께 사는 존재입니다. 살면서 혼자 하는 것보다 누군가와 함께 하는 일이 더 많습니다. 그렇기에 타인과 협력하는 법을 익히는 것이 중요합니다. 학교는 학생들의 삶을 가꾸어 나가는 곳입니다. 혼자가 아닌 다른 사람들과 같은 공간에 있고, 더불어 살아갑니다. 교실은 앞으로 만나게 될 사회의 축소판이고 사전 경험을 하는 장입니다.

'공든 탑이 무너지랴'는 이름을 붙인 이 활동은 타인과 몸을 붙이고 협력해야 합니다. 교사가 지정해주는 조건에 맞춰 발, 다리 등의 신체를 움직여야 합니다. 그것도 같은 팀 친구들과 맞춰야 하니 서로를 돌아보고 수시로 이야기도 해야 합니다. 이 활동은 신체적 차이나 성별, 개인의 우월한 특징은 영향을 주지 못합니다. 함께 하는 친구들과의 협력, 집중력이 더 필요합니다. 누군가 한명이 두 손, 두 발을 먼저 놓아도 안 되고, '다른 이가 알아서 하겠지'라는 생각으로 가만히 있어도 안 됩니다.

활동 중에는 분명 '빨리 빨리'라는 말이 나오지만, 서두르면 오히려 잘되지 않습니다. 느리더라도 옆 친구를 살펴보고 함께 협력하는 것이 중요합니다. 아이들에게 부여된 일정 시간 안에만 완성하면 되기에 그 안에서 함께 협력해야만 성공할 수 있습니다. 활동하다보면 자연스레 서로 부대끼면서 잡아주고, 친구와 밀착하게 됩니다. 교사가 의도하지 않더라도 스스로 가까워집니다. 점점 난이도가 높아지면서 더 많은 힘과 집중력이 요구됩니다. 친구들의 손을 잡고, 더 가깝게 붙고 누군가의 등에 업혀야 하는 상황까지 옵니다. 손이 부들부들 떨리고, 버티는 다리에 힘이 들지만 3초 정도 견뎌야 하기에 이를 꽉 물고 힘을 더 줍니다. "조금만 더"라는 이야기도 곳곳에서 나옵니다. 혼자가 아니라 옆의 친구와 함께 힘을 다해야 합니다. 활동의 승패가 있지만, 힘든 과정과 재미있는 결과 두 가지를 경험하면서 '함께'라는 말을 한 번 더 생각해보게 합니다.

선생님이 요구하는 대로 친구들과 함께 10초 안에 완성해야 돼요.

또한 3초간 버텨야 돼요. 10초가 넘어가거나 3초 안에 쓰러지면 다른 팀한테

기회가 넘어가요. 10초! 3초! 기억해요.

세움

- 준비물: 매트, 초시계
- 공간 배치: 아이들의 책상과 의자를 최대한 앞으로 붙이고 넓은 활동 공간을 마련

 깨움

① 발목 돌리기, 무릎 굽혀 펴기, 허리 돌리기, 팔 돌리고 스트레칭, 목 운동
② '글자를 만들어요'
 - 4~5명이 한 팀이 된다.
 - 교사가 요구하는 받침 없는 단어(나라, 개미 등)를 제시한다.
 - 친구들이 함께 단어를 만들고 3초간 버텨본다.

③ 게임규칙을 설명하면서 간단한 시범을 보인다.
④ 교실 바닥이 위험할 수 있으니 매트를 깔고 활동을 한다.

 배움

① 두 팀으로 나눈다. 팀내에서도 5명씩 짝을 만든다. (팀별 인원수가 다를 때 두 번하는 친구도 있다.)
② 교사가 다음과 같이 명령을 하면 친구들과 함께 만들어 본다.

> 예) 1. 발3
> 2. 팔4, 발 3
> 3. 발 2
> 4. 무릎 2, 발뒤꿈치 1, 엉덩이 1
> 5. 무릎 3, 팔꿈치 2. 등 1

※ 상황에 따라 변형하여 요구할 수 있다.
③ 10초 동안 요구한 대로 만들지 못하거나, 3초 동안 버티지 못하면 다음 팀에게 기회가 돌

아간다. 성공하면 1점을 획득하고 점수가 많은 팀이 이긴다.

바꿈

① 상황에 따라 10초, 3초의 시간을 바꿔 진행할 수 있다.
② 매트를 2개를 깔아놓고 동시에 진행할 수 있다.

나눔

① 활동을 하고 느낀 점을 서로 이야기한다.
② 아이들 스스로 동작(예– 발2, 무릎2 등)을 만들어보게 한다.
③ 손목, 발목, 허리를 풀어주는 정리운동을 실시하고 교실을 정리한다.

6. 세우고 잡아라

오늘은 A팀과 B팀의 티볼 시합이 있는 날! 다른 날보다 긴장이 됩니다. 두 팀의 시합이 있었을 때 심판인 저에게 "저 팀이 지금 반칙했잖아요?", "선생님, 이건 아웃이 아니라 세이프예요!" 등 벌떼처럼 달려들었던 기억이 많았기 때문입니다.

아이들은 두 팀끼리 시합을 하는 체육활동을 가장 원하면서도 시합 중에 불만이 많습니다. 또한 이러한 경쟁 활동은 체육 기능이 뛰어난 몇몇 아이들을 제외하고는 많은 아이들이 자신은 주변인이라는 생각을 갖게 하고 의기소침하게 합니다.

그래서 '주변인에서 주인공으로', '좌절에서 도전으로'를 만들 수 있는 팀 도전활동을 생각해 냈습니다. 이 활동을 하다 보면 참여하는 모든 학생들이 주인공이 되고, 점점 어려운 도전 과제들을 극복하고 성공함으로써 자긍심을 갖게 됩니다.

'세우고 잡아라'를 한 다음날 학생의 일기장은 이런 말이 있었습니다.

'난 체육을 잘 하지 못하여 게임만 하면 친구들의 욕을 먹는다. 그래서 체육이 싫다. 그런데 오늘은 아니다. 하나하나 도전하고 성공할 때 우리 모둠 모두가 기뻐했다. 나도 좋았다. 끝까지는 못했지만 오늘 체육은 짱이다.'

물론 쉽지는 않습니다. 운동신경이 필요한 움직임이 연속되기 때문이죠. 하지만 해본다는 것, 경험한다는 것은 작더라도 소중합니다. 아이들의 작은 성공이 그들의 삶에 힘을 공급해준다는 사실을 우리는 교실 속에서 볼 수 있습니다.

자기의 막대를 세운 상태로 잡고 있으면서 신호에 맞춰 옆 사람의 막대를 잡아야 해요.

모두가 성공할 때의 기쁨을 맛볼까요?

세움

- 준비물: 막대 2개, 아이들 수만큼 약 1m되는 같은 굵기의 막대 또는 긴 우산
- 공간 배치: 아이들의 책상과 의자를 최대한 앞으로 붙이고 넓은 활동 공간을 마련

깨움

① 발목 돌리기, 무릎 굽혀 펴기, 허리 돌리기, 팔 돌리고 스트레칭, 목 운동
② '막대놀이'

- 아이들을 원으로 둘러앉게 한다.
- 막대 하나를 준비하고 한 명씩 나와서 막대를 가지고 사물을 표현(예−검도, 칫솔, 마이크 등) 하고 친구들은 맞춰 본다.
- 막대 2개를 가지고 창의적으로 표현하게 할 수도 있다.

③ 게임규칙을 설명하면서 간단한 시범을 보인다.
④ 관람하는 도중에 모둠끼리 서로 동작을 미리 맞추지 않도록 하고 친구들의 표현을 잘 관람하게 한다.

배움

① 막대를 들고 둥그렇게 선다. 막대가 없으면 긴 우산을 접어서 반대로 사용하면 된다.
② 선생님의 신호에 자신의 막대는 그대로 세워 놓고 옆의 막대를 잡으러 간다.
③ 옆 사람의 막대를 잡으면서 "잡았다"라고 말한다.
④ 모두 성공하면 뒤로 한 걸음 물러나서 더 큰 원을 만들고 ②번 활동을 계속한다.

바꿈

① 교사가 신호를 주지 않고 아이들 중 한 명이 신호를 줘도 된다.

② 공간이 작다면 모둠 대결로 해도 좋다.

나눔

① 활동을 하고 느낀 점(어려웠던 점, 재미있었던 점, 잘된 점)을 서로 이야기한다.

② 손목, 발목, 허리를 풀어주는 정리운동을 실시하고 교실을 정리한다.

2. 선의의 경쟁을! 야군

7. 교실 배구

 교실이나 실내에서 부담 없이 놀 수 있는 풍선배구가 하나의 스포츠로 인정되고 있다는 것을 아나요? 장애인 스포츠의 일환으로 하나의 종목이 되어 게임장과 게임규칙도 있습니다.

 1989년 10월 기타큐슈에서 "장애가 있는 사람도 함께 할 수 있는 스포츠가 있으면 좋겠다"라는 바람에서 '풍선배구'가 생겼고, 모두 함께 하는 스포츠의 하나로 발전하고 있다고 합니다. 풍선배구는 타 장애인 스포츠와 달리 참여를 위한 목적이기에 장애의 종류나 정도에 대한 기준이 엄격하지 않습니다.

 그렇기에 모두가 함께 대등한 선수로 경기를 진행하며, 이러한 경기 방식을 통해 스포츠의 중심에는 '장애'가 있지 않다는 것을 강조합니다. 풍선배구는 배드민턴 코트를 이용합니다. 장애인 3~4명, 비장애인 2~3명 등 총 6명이 팀을 이루어 팀 전원이 상대 팀으로 풍선을 넘깁니다. 이때 이용하는 풍선은 방울을 넣은 직경 40cm의 고무 풍선으로 진행됩니다. 이 게임의 가장 중요한 것은 팀 전원이 풍선을 공중에 올린 후 10번 이내에 상대 팀으로 넘기는 것입니다. 즉 '전원 참가'가 기본 원칙이며, 경기 중 장애인과 비장애인에 대한 구분은 없습니다. 함께 하는 스포츠를 경험함으로 장애인과 비장애인 모두가 하나되는 소중한 경험을 할 수 있습니다. 현재 서울시장애인체육회와 일본풍선배구협회가 교류를 하고 있고, 발달장애인을 위한 풍선배구 교실도 운영한다고 합니다.

 풍선배구의 느낌인 교실배구는 공에 대한 부담이 없기에 모두 즐겁게 참여할 수 있습니다. 자리를 순환함으로 앞과 뒤, 좌우의 여러 위치에서 풍선으로 리시브와 넘기기 활동도 가능합니다. 모두 참여하고 함께 목소리가 커지는 교실배구를 통해 더불어 함께하는 학급의 모습을 그려봅니다.

서브-토스-스파이크! TV에서 보았던 배구를 교실에서 해 봐요.

풍선이기 때문에 쉽고 재미있어요.

우리 모두 배구하면서 땀을 흘려볼까요?

선의의 경쟁을! 아곤

세움

- 준비물: 책상(네트), 풍선
- 공간 배치: 아이들의 책상과 의자를 최대한 앞으로 붙이고 넓은 활동 공간을 마련하고 뒷 공간에 책상을 이용하여 네트를 만듦.

 깨움

① 발목 돌리기, 무릎 굽혀 펴기, 허리 돌리기, 팔 돌리고 스트레칭, 목 운동
② '풍선을 이용한 배구 연습'
　－풍선을 땅에 안 닿게 오랫동안 살리는 연습(개인)
　－풍선을 손으로 치면서 주고받기(2명)

　－풍선을 던져주어 친구 머리 위로 공 띄우기(토스 연습－2명)
　－풍선을 띄워 올려 쳐서 친구 등 맞히기(스파이크 연습－2명)
　－풍선을 띄워 올려 쳐서 책상(네트) 너머로 멀리 보내기(서브 연습－2명)
③ 게임규칙을 설명하면서 간단한 시범을 보인다.

> ▶ 11점 경기(듀스 있지만 15점 먼저 획득 시 게임 끝)
> ▶ 넘어온 풍선이 상대팀 진영으로 떨어지면 우리 득점
> ▶ 넘어온 풍선이 우리 팀 진영에 떨어지면 상대 득점
> ▶ 풍선은 다섯 번 안에 넘겨야 함(변형 가능)
> ▶ 한 사람이 풍선을 두 번까지 연속으로 칠 수 있음(변형 가능)
> ▶ 득점에 성공한 팀에서 서브
> ▶ 서브는 상대방이 받기 좋게 해야 함(스파이크 금지)

④ 실제 배구와 달리 다리를 써서 풍선을 걸어 올리면 안 된다.(안전)
⑤ 경기를 할 때 친구들과 책상에 부딪치지 않도록 조심한다.

배움

① 두 팀으로 나누어 진행한다.

② 가위바위보에서 이긴 팀에서 서브를 먼저 한다.

③ '깨움'에 있는 득점에 해당되는 경우 득점을 획득한다.

④ 득점을 한 팀은 팀원들끼리 시계방향으로 한 칸씩 이동한다. 상황에 따라 3점이 되었을 때 (3, 6, 9점) 이동하여도 된다. 11점을 획득하면 팀을 바꿔서(남, 여) 활동을 계속한다.

 바꿈

① 상황에 따라 친구들이 앉은 상태에서 경기를 할 수 있다.

② 책상이 낮으면 고무줄을 이용하여 어깨높이 만큼 네트를 만들어도 된다.

③ 풍선의 크기가 작으면 빠르고, 크면 속도가 느려질 수 있기 때문에 풍선의 크기를 조절할 수 있다. 또한 풍선 안에 스티로폼 같은 작은 물체를 넣어 박진감 있게 경기를 할 수도 있다.

④ 색깔을 달리한 풍선 2개를 이용하여 남녀 같이 해도 된다.(예를 들어 남자-파란색, 여자-빨간색) 이 때 다른 색을 건드리지 않도록 한다.

남자 경기할 때 여자들이 네트, 여자 경기할 때 남자들이 네트가 될 수 있다. 이 때 네트가 되는 친구들은 상대팀을 마주 보면서 서로 교대로 앉아 풍선이 낮게 올 때 쳐서 스파이크를 하여 득점할 수 있다.

⑤ 책상을 네트로 하고 친구들은 양쪽에 의자에 앉아서 경기를 할 수도 있다. 이때 점수에 따라 위치를 바꿔줄 수 있다.

 나눔

① 활동을 하고 느낀 점을 서로 이야기한다.

② 손목, 발목, 허리를 풀어주는 정리운동을 실시하고 교실을 정리한다.

8. 교실 피구

피구는 누구에게나 친숙한 구기 종목입니다. 공 하나만 있으면 언제 어디서나 즐길 수 있습니다. 공으로 상대 팀을 맞히면 아웃이 되는 규칙은 단순하여 누구나 쉽게 할 수 있습니다. 빠른 시간 안에 경기 방법을 터득할 수 있고, 약간의 전술과 전략이 함께 하면 더욱 즐겁게 참여할 수 있습니다. 특히 여학생들의 선호종목 1위, 남학생은 축구, 배드민턴, 농구에 이어 4위로 남녀 모두에게 인기가 높습니다(2013. 국민생활체육회).

우리나라의 피구경기는 고구려시대부터 부락 또는 지방단위로 편을 갈라하던 석전이라는 민속놀이가 고려시대 편쌈, 편전으로 불리면서 조선시대까지 행해졌습니다. 단오를 비롯하여 설날, 동지, 임금의 탄생일 같은 국가경축일에 많은 이들이 모여 승패를 겨루었다고 합니다. 이를 바탕으로 근대에는 줄을 긋고 콩 주머니로 상대편을 맞추는 놀이를 했습니다. 그리고 공을 가지고 야외에 선을 그려 던지고, 맞추고 피하는 활동으로 구성된 놀이 형태의 피구를 시작하게 되었습니다. 최근에 이루어지는 피구는 경기 방식을 체계화한 공식경기로서 남녀노소 모두가 쉽게 하는 생활체육으로 인기를 받으며 성장하고 있습니다.

2009교육과정에서 3학년 경쟁활동으로 피하기형 경쟁으로 제시되었지만, 2015개정교육과정에서는 제외되었습니다. 하지만 공 던지기 잡기와 같은 기능 익히기와 단체 협동 활동이라는 측면, 학생 건강과 체력증진이라는 면에서 여전히 많이 하고 있습니다. 피구는 피하는 것만 아니라 공 잡고 던지기, 움직이기, 전략세우기, 같은 팀과 협동하기 등 다양한 활동을 포함합니다. 몸을 움직이며 공간 이동 및 협동을 배우게 됩니다. 아울러 다른 친구들과 함께 어울리다보니 사회성도 향상할 수 있습니다. 모두가 좀 더 쉽게 참여할 수 있는 실내 활동으로 교실 피구, 바운드 피구, 굴리기 피구, 다리 벌려 피구, 손수건 피구 등 여러 형태의 피구들을 소개하고자 합니다. 피구를 통해 땀 흘리며 몸과 마음을 건강하게 하고 하나 되는 아이들의 큰 목소리도 들을 수 있습니다.

아이들이 제일 많이 하는 활동!

피구를 교실에서 할 수 있어요.

우리 모두 피구 하면서 땀을 흘려볼까요?

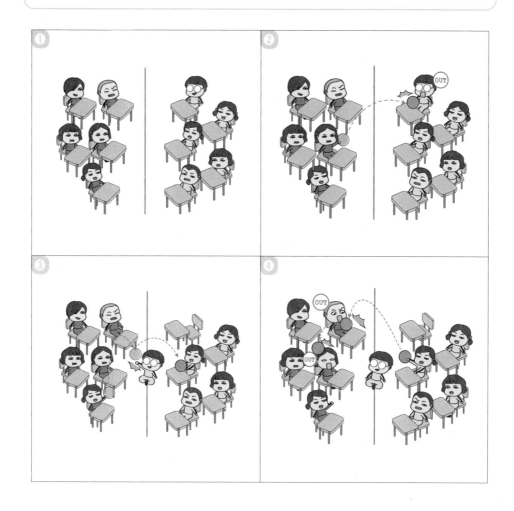

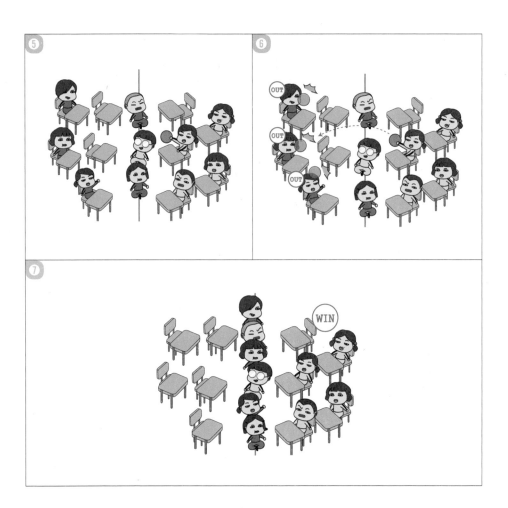

 세움

- 준비물: 피구공 또는 탱탱볼
- 공간 배치: 아이들의 책상과 의자를 중앙을 사이에 두고 마주보게 배치, 블라인드를 쳐서 유리창 보호

 깨움

① 의자에 앉은 상태에서 발목 돌리기, 허리 돌리기, 팔 돌리고 스트레칭, 목 운동
② 게임규칙을 설명하면서 간단한 시범을 보인다.
③ 공격을 할 때는 엉덩이를 떼지 않아야 한다.

(한 번 때면 경고! 두 번 때면 아웃!)

④ 수비하면서 친구들과 부딪치지 않도록 주의한다.

⑤ 교실 기물이 파손되지 않도록 벽면을 바로 맞히면 상대방에서 공을 넘겨주도록 한다.

배움

① 두 팀으로 나누어 마주보고 의자에 앉는다.

② 가위바위보에서 이긴 팀에서 먼저 공격을 한다. 공을 맞은 친구는 아웃된다.

③ ～ ⑥ 아웃된 친구는 가운데 빈 공간으로 내려가서 수비를 한다. 이 때 일어서지 않고 자기 편으로 날아오는 공을 막아줄 수 있고 떨어진 공을 주워서 우리 편에 던져 줄 수 있다.

⑦ 중간에 앞줄과 뒷줄을 바꿔준다. 친구들을 다 아웃시킨 팀이 승리한다.

바꿈

① 던진 공을 바로 잡으면 수비팀에 있는 친구를 부활시킬 수 있다.

② 남녀 대결로 하고 남자 팀에게는 두 손으로 던지게 할 수도 있다. 또는 여자 팀 뒤쪽에 있는 학생들은 서서 던지게 할 수도 있다.

나눔

① 활동을 하고 느낀 점을 서로 이야기한다.

② 손목, 발목, 허리를 풀어주는 정리운동을 실시하고 교실을 정리한다.

9. 바운드 피구

'튀어 오르기'라는 뜻을 가진 '바운드'

공에 닿기만 해도 아웃되기 때문에 무조건 피해야 해요.

몸을 이리저리 움직이면서 땀을 흘려볼까요?

 세움

- 준비물: 소프트발리볼 또는 탱탱볼
- 공간배치: 아이들의 책상과 의자를 최대한 앞으로 붙이고 넓은 활동 공간을 마련

 깨움

① 발목 돌리기, 무릎 굽혀 펴기, 허리 돌리기, 팔 돌리고 스트레칭, 목 운동
② '개인 바운드 피구'
  – 교실 뒤편에 친구들이 모두 들어간다.
  – 1명이 공을 바운드하여 주위 친구들을 맞혀 아웃시킬 수 있다. 바로 맞으면 아웃이 안
    된다.
  – 아웃된 친구는 경기장 밖으로 나와서 한 줄로 선다.

❶  ❷

– 아웃이 5명이 넘어가면 가장 먼저 아웃된 친구가 경기장 안으로 다시 들어가서 활동을 한다.

③ 게임규칙을 설명하면서 간단한 시범을 보인다.

 배움

① 두 팀으로 나눈다.

② 공격팀은 원형대형으로 만들고 그 안에 수비팀이 들어간다.

③ ~ ⑤ 공격팀에서 공을 가지고 던진다. 이 때 바운드가 되어야 한다. 수비팀에서는 공을 피하다가 바운드 된 공을 맞거나 잡으면 아웃되어 밖으로 나가서 한 줄로 서 있는다. 바운드 하지 않고 공격하는 경우, 공이 원 밖으로 나간 경우는 가장 먼저 아웃된 친구부터 한 명씩 부활한다. 시간을 지정하여 많이 남는 팀이 이긴다.

 바꿈

① 공격팀이 의자에 앉아 공격을 할 수도 있다. 공이 가운데에 멈춰 있는 경우에 수비팀이 공을 공격팀에게 던져주어야 한다.

② 공을 2개로 하거나 짐볼 같은 큰 공을 사용해도 좋다.

나눔

① 활동을 하고 느낀 점을 서로 이야기한다.

② 손목, 발목, 허리를 풀어주는 정리운동을 실시하고 교실을 정리한다.

10. 굴리기 피구

공격하는 친구들은 공을 굴려서 맞혀야 해요.

수비하는 친구들은 굴러오는 공을 요리조리 피해야 해요.

짧은 시간 안에 많이 맞힌 팀이 이겨요.

세움

- 준비물: 피구공 또는 탱탱볼
- 공간 배치: 아이들의 책상과 의자를 최대한 앞으로 붙이고 넓은 활동 공간을 마련

깨움

① 발목 돌리기, 무릎 굽혀 펴기, 허리 돌리기, 팔 돌리고 스트레칭, 목 운동
② '돼지 피구'
   – 술래를 1명 정한다.
   – 친구들은 원형으로 앉아 있고 술래는 안에 들어가서 쪼그려 앉는다.
   – 신호에 맞춰 친구들의 공격을 피하고 맞으면 "꿀꿀"하고 나온다.
   – 술래를 바꿔 가며 해 보고 가장 오랫동안 피한 술래가 이긴다.
③ 게임규칙을 설명하면서 간단한 시범을 보인다.
④ 이동하면서 친구들과 부딪치지 않도록 조심한다.

배움

① 2팀으로 나눈다. 가위바위보로 먼저 공격하는 팀과 수비하는 팀을 정한다.
② 공격하는 팀은 적당한 간격을 두고 원형으로 앉는다. 수비하는 팀은 원 안으로 들어간다.
③ ～ ④ 신호와 함께 공을 굴려서 맞힌다. 맞은 친구는 경기장 밖으로 나가 일렬로 서 있는다.
⑤ 공을 무릎 위로 던져서 수비팀을 맞히거나 공이 공격팀 원형 밖으로 빠져 나가면 아웃된 친구들이 순서대로 경기장 안으로 들어온다. 공격과 수비를 바꿔서 하고 짧은 시간 안에 모

두 아웃되거나 정해진 시간 안에 아웃된 친구가 많은 팀이 이긴다.

바꿈

① 신나는 음악을 틀면서 박진감 있게 할 수 있다.

② 공을 2개로 할 수도 있다.

나눔

① 활동을 하고 느낀 점을 서로 이야기한다.

② 손목, 발목, 허리를 풀어주는 정리운동을 실시하고 교실을 정리한다.

11. 다리 벌려 피구

다리를 벌려서 옆 친구와 닿은 상태에서 공을 굴려요.

공이 자기 다리 사이로 빠지지 않도록 빨리 손으로 쳐야 하는 다리벌려 피구를

친구들과 해볼까요?

세움

- 준비물: 피구공 또는 탱탱볼
- 공간 배치: 아이들의 책상과 의자를 최대한 앞으로 붙이고 넓은 활동 공간을 마련

깨움

① 발목 돌리기, 무릎 굽혀 펴기, 허리 돌리기, 팔 돌리고 스트레칭, 목 운동
② '양다리 넓히기 가위바위보'

– 2명이 짝을 지어 활동을 한다.

– 자기의 두 발과 친구의 두 발을 1열로 대고 서 있는다.

– 가위바위보를 하여 이기면 앞발을 뒤에 있는 발에 붙인다. 진 친구는 앞발로 이긴 친구의 맨 앞의 발에 댄다.

– 계속 활동을 하다가 친구의 발에 대지 못하면 지게 된다.

③ 게임규칙을 설명하면서 간단한 시범을 보인다.

배움

① 교실을 두 공간으로 나누어 남녀 팀 따로 경기를 진행한다.

② 다리를 넓힌 상태로 원형으로 만든다.(이때 옆 친구와 발이 닿아야 한다.)

③ 손으로 자기 다리 사이로 통과하지 않도록 막음과 동시에 공을 상대방의 다리 사이로 통과하기 위해 세게 굴린다. 공이 자기 다리 사이로 통과된 친구는 아웃이 된다.

④~⑥ 경기를 하다가 최종적으로 두 사람만 남을 때까지 한다.

바꿈

① 신나는 음악을 틀면서 박진감 있게 할 수 있다.

② 남녀 대결로 해도 좋다.

③ 통과하면 아웃시키지 않고 점수제로 진행할 수 있다.

나눔

① 활동을 하고 느낀 점을 서로 이야기한다.

② 손목, 발목, 허리를 풀어주는 정리운동을 실시하고 교실을 정리한다.

12. 손수건 피구

손수건을 이용하여 피구를 해요.

3명이 한 조가 되어 손수건을 주고받으며 친구들을 맞혀요.

짧은 시간 안에 맞히면 이길 수 있어요.

세움

- 준비물: 손수건, 팀조끼
- 공간 배치: 아이들의 책상과 의자를 그대로 유지

깨움

① 발목 돌리기, 무릎 굽혀 펴기, 허리 돌리기, 팔 돌리고 스트레칭, 목 운동

② "손수건을 피해라"

   －1명의 술래가 걸어 다니며 친구들에게 손수건을 던져서 맞힌다.

   －친구들은 뛰어다니면서 피한다. 바로 손수건을 잡을 때는 아웃이 아니다.

③ 게임규칙을 설명하면서 간단한 시범을 보인다.

④ 이동하면서 친구들과 책상에 부딪치지 않도록 조심한다.

배움

① 3명이 1조가 되고 팀조끼를 입는다.

② 신호에 따라 3명이 손수건을 주고받으며 친구들을 맞힌다. 이때 3명은 걸어 다녀야 하고 다른 친구들은 뛰어 다닐 수 있다.

③ 손수건을 주고받을 때는 움직여도 되지만 친구들에게 던질 때는 제자리에서 던져야 한다.

④ 맞은 친구는 책상에 걸터앉고 손수건이 날아 올 때 낚아채거나 가까운 곳에 떨어졌을 때 주우면 다시 경기장으로 들어올 수 있다. 시간을 정해 많이 맞힌 조가 이긴다.

바꿈

① 손수건 대신 팀조끼를 이용해도 좋다.

② 교실 상황에 따라 2명이 1조가 될 수 있다.

나눔

① 활동을 하고 규칙을 바꾸거나 느낀 점을 서로 이야기한다.

② 손목, 발목, 허리를 풀어주는 정리운동을 실시하고 교실을 정리한다.

13. 너 나 좋아해?

교직에 처음 들어오면서 아이들과의 첫 만남이 정말 어색했습니다. 친해지고 가까워지고 싶은 마음은 있는데, 만남의 시간이 다가올수록 부담은 커져갔습니다. 초임교사의 무거운 마음에 학급경영 연수를 신청하였습니다. 학기 초 어색한 교실 분위기를 부드럽게 하기 위한 여러 놀이를 배우는 연수였는데, 역시나 연수생들과의 만남도 어색했습니다. 그때 강사님이 도입부에서 했던 활동이 '당신의 이웃을 사랑하십니까?'였습니다. 의자에 앉아 있다가 눈치껏 순간을 포착해 움직이고 그러다 걸려서 벌칙을 받는 게임이었는데, 바쁘게 움직이다보니 어느 순간 웃음소리 넘치는 즐거운 분위기가 되었습니다.

서로가 어색할 때는 가볍고 즐거운 활동이 좋습니다. 처음이니만큼 급하지 않게 천천히 알아가는 것이 필요합니다.

'너 나 좋아해'라는 질문을 던진 후 다른 사람과 자리를 바꾸게 되어 결국 다 함께 친해질 수 있는 기회를 주는 활동입니다. 이러한 활동의 좋은 점은 자리가 자연스럽게 섞이고 다 같이 친해질 가능성이 높다는 것입니다. 친한 친구와 계속 있고 싶어 머리를 쓰는 대답을 할 법도 한데, 아직까지 그렇게까지 노력하는 아이는 보지 못했습니다. 게임하다보면 정신없이 지나가면서 그 분위기에 휩쓸려 함께 어울리게 되기 때문입니다.

술래의 "너 나 좋아해?"라는 질문에 "아니오"라고 대답한 후 "그럼 누구?"라는 질문 이후의 긴장감은 이루 말할 수 없습니다. 어떤 대답이 나오냐에 따라 원래 있던 자리에서 빠르게 움직여 자리를 옮겨야 하기 때문입니다. 대답에 따라 많은 이들이 움직이게 되면서 살짝 부딪치기도 하고 내가 봐둔 자리를 빼앗기기도 합니다. 자리를 차지하기 위해 적극적으로 움직이다보면 시간도 금방 지나가고 예상치 못한 상황으로 인해 웃음소리도 커집니다. 어색한 교실은 금세 활기찬 교실이 됩니다. 학기 초뿐 아니라 실내체육이나 자투리 시간 활동으로도 즐거운 활동입니다.

"너 나 좋아해?"라고 친구에게 물어보고 대답에 따라 친구들이 움직여요.

이 때 술래는 빨리 남은 자리로 가야 해요.

마음껏 웃고 뛸 수 있는 활동을 해볼까요?

세움

- 준비물: 원마커나 접시콘 또는 의자
- 공간 배치: 아이들의 책상과 의자를 최대한 앞으로 붙이고 넓은 활동 공간을 마련

깨움

① 발목 돌리기, 무릎 굽혀 펴기, 허리 돌리기, 팔 돌리고 스트레칭, 목 운동

② "과일 놀이"

- 원마커나 접시콘을 원형으로 놓고 개인별로 서 있는다.
- 교사가 돌아다니면서 아이들에게 개별적으로 과일을 부여한다(딸기, 사과, 바나나, 딸기, 사과, 바나나……).

※교실 상황에 따라 과일의 수나 이름을 다르게 해도 좋다.

– 술래가 가운데 서서 "하나 둘 셋 딸기"라고 하면 "딸기"인 아이들은 자리를 옮긴다. 이때 술래는 재빨리 남은 원마커에 가서 선다.

"하나 둘 셋 사과, 바나나"로 2가지를 말해도 된다.

"하나 둘 셋 과일"하면 아이들은 모두 자리를 옮겨야 한다.

– 술래가 바뀌면 가운데에 서서 계속 진행한다.

③ 게임규칙을 설명하면서 간단한 시범을 보인다.

④ 좁은 공간에서 움직일 때 친구들과 부딪치지 않도록 조심한다.

📖 배움

① 원마커나 접시콘을 원형으로 놓고 개인별로 서 있는다.

② 술래가 서 있는 친구 한 명에게 다가가 "너 나 좋아해?"라고 말을 한다.

③ 친구가 "응"이라고 대답을 하면 대답한 친구 양쪽 옆의 친구들이 자리를 서로 바꾼다. 이때 술래는 재빨리 빈 원마커에 들어간다.

④ ~ ⑤ 만약 "아니"라고 대답을 하면 친구들은 "그럼 누구?"라고 크게 이야기한다. 그러면 그 친구는 "분홍색 옷 입은 사람"이라고 대답을 할 수 있다. 이 때 분홍색 옷 입은 친구들은 모두 자리에 바꿔야 한다. 술래는 재빨리 빈 원마커에 들어간다.

"아니"라고 대답할 친구는 미리 어떻게 대답을 해야 할지 생각해 놓아야 한다.(우리반 모두, 바지 입은 사람, 머리 묶은 사람 등)

단, 키 큰 사람, 예쁜 사람 등 애매한 기준으로 대답을 하면 안 된다.

그리고 대답한 친구는 자리를 바꾸지 않는다. 원마커에 들어가지 못한 친구는 술래가 되어 다시 진행을 한다.

💡 바꿈

① 원마커나 접시콘 대신 의자에 앉아서 해도 좋다.

② 술래가 되었을 때 "팔 벌려 뛰기 3번"의 간단한 벌칙을 수행하도록 해 본다.

③ 남학생은 남학생에게 여학생은 여학생에게만 가려고 한다. 이 때 남자 술래는 여학생에게 여자 술래는 남학생에게 가서 활동을 하도록 해 본다.

④ 묻고 답할 때 큰 소리로 이야기를 해야 해당되는 친구들이 잘 옮긴다.

⑤ 교사가 같이 참여해도 좋다.

나눔

① 활동을 하고 느낀 점(어려웠던 점, 재미있었던 점 등)을 서로 이야기한다.

② 손목, 발목, 허리를 풀어주는 정리운동을 실시하고 교실을 정리한다.

14. 징검다리 건너라!

아이는 성장하면서 자신의 영역을 조금씩 넓혀 갑니다. 한계를 극복하려고 하고, 하지 말라고 한 것도 호기심에 시도합니다. 신체적으로 어느 정도 성장했음을 인지하면 무엇이든 자기 힘으로 해보려고 합니다.

작은 일에 성공 경험을 갖게 되면 더 큰 것을 시도해봅니다. 할 수 있다는 생각에 고집을 부리기도 합니다. 그러다보면 벽에 부딪치고 실패하면 좌절하기도 하고 기가 죽기도 합니다.

좌절을 겪고 다시 일어서면 됩니다만 경우에 따라 반복되는 실패로 인해 의욕을 잃고 소극적인 아이가 되기도 합니다. 이런 아이들에게 힘이 될 수 있는 활동이 바로 편을 나누어 하는 놀이입니다.

다른 편을 이겨야 한다는 하나의 목적으로 모인 우리 편입니다. 혼자의 힘으로 하는 것이 아니라 모두 힘을 합쳐야 합니다. 나 혼자는 큰 의미가 없습니다. 그렇다고 내가 없다면 우리 편이 상대를 이길 수 없습니다. 우리라는 전체에 내가 일부가 됨을 경험하면서 함께 힘을 합치게 됩니다.

'징검다리를 건너라'는 상대를 공격하거나 접촉하는 활동이 아닙니다. 힘 대결하는 것이 아닙니다. 우리 편이 온전한 하나가 되어 움직이는 활동입니다. 부지런히 움직여야 합니다. 발판(원마커)을 전달하고 받아서 앞에 두고 이동합니다. 누구 하나라도 중간에 멈춰버리면 전체가 정지합니다. 부지런히 앞으로 나가야 합니다. 처음에는 잘 안 될 수 있습니다. 하지만 흐름을 파악하고 자기가 어떻게 행동해야 하는지를 생각하여 반응하면 팀 전체가 역동적으로 움직이게 됩니다. 상대보다 먼저 이동해야 이기지만, 실제론 자신의 편을 더 살펴보게 되고 유기적으로 하나 되어 잘 움직여야 승리할 수 있습니다. 팀이라는 전체에서 자신의 역할에 최선을 다하다 보면 전체 속의 하나가 되어 함께 성취하는 성공을 경험할 수 있는 활동입니다.

4명이 한 팀이 되어 징검다리를 건널 친구 1명, 징검다리를 만들어 줄
친구 3명을 만들어요. 친구들이 만들어 준 징검다리를 점프하면서
빨리 건너야 해요. 상대의 팀보다 먼저 건너 볼까요?

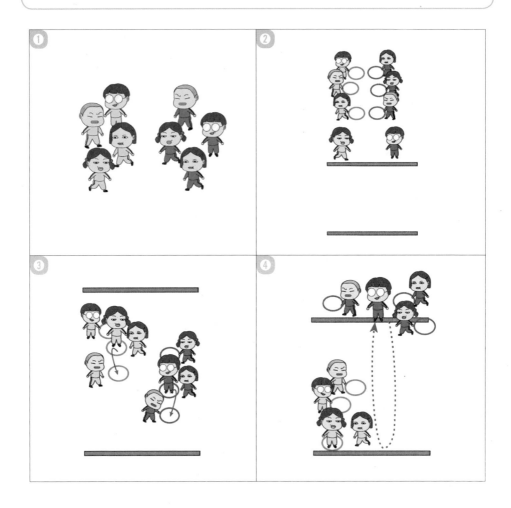

세움

- 준비물: 출발선, 원마커
- 공간 배치: 아이들의 책상과 의자를 최대한 앞으로 붙이고 넓은 활동 공간을 마련

깨움

① 발목 돌리기, 무릎 굽혀 펴기, 허리 돌리기, 팔 돌리고 스트레칭, 목 운동
② "다 같이 건너자"
　- 6명 정도 한 팀으로 하고 두 팀이 시합을 한다(남녀 대항으로 해도 좋다).
　- 원마커를 하나씩 들고 있는 상태(맨 뒤에 학생은 2개를 든다)에서 출발선 맨 앞에 있는 친구
　　부터 앞쪽에 원마커를 놓고 건넌다.
　- 원마커를 전달하면서 징검다리를 만들고 건너간다. 징검다리 수가 1개가 더 많기 때문에
　　계속적으로 전달하면서 건널 수 있다. 마지막 친구가 먼저 벽을 닿으면 이긴다.
　- 3,4위전, 결승전까지 해 본다.
③ 게임규칙을 설명하면서 간단한 시범을 보인다.
④ 원마커를 던지지 않고 놓아야 한다.
⑤ 좁은 공간에서 움직일 때 친구들과 부딪치지 않도록 조심한다.

배움

① 4명 정도 한 팀으로 하고 두 팀이 먼저 시합을 한다.(남녀 대항으로 해도 좋다)
② 각 팀에서 건널 친구 1명을 정하고 그 친구는 출발선 앞에 선다. 나머지 3명의 친구는 원마
　커를 1개씩 들고 출발선 뒤에 1줄로 서 있다.
③ 교사의 신호에 따라 뒤에 있는 친구들은 징검다리를 만들어 주고 건너는 친구는 두 발로 점
　프를 하여 건넌다.
④ 벽을 터치하고 다시 출발선으로 먼저 들어오면 이긴다.

바꿈

① 교실 상황에 따라 인원수를 달리해도 된다.
② 책상과 의자를 그대로 둔 상태에서 통로를 지나게 할 수 있다. 이때는 4모둠 정도 같이 할
　수 있다.

나눔

① 활동을 하고 느낀 점(어려웠던 점, 재미있었던 점 등)을 서로 이야기한다.

② 손목, 발목, 허리를 풀어주는 정리운동을 실시하고 교실을 정리한다.

15. 실내화와 함께

아이들은 놀 시간과 공간만 있으면 무엇이든, 어떻게든 놉니다.

쉬는 시간에 복도에서 두 명의 아이들이 실내화를 발 앞쪽에 걸치고 벽에 맞추는 것을 보았습니다. 그리고 항상 신고 다녀서 냄새도 날 텐데 손으로 거리낌 없이 만지작만지작하고 있습니다. 순간 아이들이 매일 신는 실내화를 가지고 교실에서 체육을 하면 좋을 것 같은 생각이 들었습니다.

먼저 실내화를 체육시간에 교구로 사용하기 전에 손에 감각을 익히기 위해 여러 가지 미션을 주고 자기의 실내화를 던져 잡는 활동을 하였습니다. 아주 단순하지만 아이들은 활동에 집중하는 모습을 보일 뿐만 아니라 다른 친구의 실내화가 날아와도 잡아서 건네주기도 합니다.

실내화로 할 수 있는 경기는 다양하지만 교실 모퉁이가 네 곳이므로 8모둠을 만들어서 2모둠씩 경기를 해도 좋고 크게 2모둠으로 나누어 돌아다니면서 활동을 해도 좋습니다.

첫 번째로 '실내화 높이 쌓기' 릴레이를 통해 모둠별로 협력을 해야 하는 것과 어떻게 하면 안 떨어지는지 짧은 시간에 서로 의사소통하는 모습을 보게 될 것입니다.

두 번째로 발로 전달하는 '실내화 릴레이'를 통해 실내화가 자꾸 떨어져서 마음처럼 빨리 전달되어지지 않는 모습에 '빨리 빨리'보다 '천천히'하는 것이 더 유리하다는 것을 배우게 될 것입니다.

'실내화 농구'와 '실내화 컬링'은 아이들에게 도전정신을 심어줄 뿐만 아니라 아이들의 성격에 따라 다르게 나타나는 여러 모습들 예를 들면 던지는 속도, 모양, 거리 등 미처 몰랐던 아이의 특성들을 발견할 수 있습니다.

아이들이 매일 신고 다니는 실내화!

실내화를 가지고 교실에서 다양한 경기를 해봐요.

경기 끝난 후 손 씻는 것, 잊지 마세요!

세움

- 준비물: 실내화, 책상2개, 우산 2개, 고깔콘 1개, 훌라후프 2개
- 공간 배치: 아이들의 책상과 의자를 최대한 앞으로 붙이고 넓은 활동 공간을 마련

깨움

① 발목 돌리기, 무릎 굽혀 펴기, 허리 돌리기, 팔 돌리고 스트레칭, 목 운동
② '실내화를 잡아라'

    – 넓은 공간에 자유롭게 선 상태에서 교사의 신호에 따라 실내화를 잡아 본다.

    가. 발끝에 걸친 후 실내화를 위로 던져 잡기

    나. '코끼리 코 돌기' 5번 한 후 던져 잡기

    다. 던진 후 제자리 돌고 잡기

    라. 던진 후 제자리 돌면서 박수 3번 치고 잡기 등

③ 게임규칙을 설명하면서 간단한 시범을 보인다.
④ 4가지 경기를 다 도전해 보도록 한다.
⑤ 경기가 다 끝난 후 손을 깨끗이 씻도록 한다.

배움

① '실내화 높이 쌓기'–1m 앞에 있는 책상으로 뛰어가 실내화 1개를 놓고 외발뛰기로 온다. 다음 친구는 그 위에 최대한 높게 쌓아 본다. 높이 쌓은 팀이 이긴다.
② '실내화 릴레이'– 두 팀으로 나누고 1열로 허리 뒤로 두 손을 교실 바닥에 대고 앉는다. 실내화를 처음 주자 앞으로 다 모은 다음 신호에 따라 발에서 발로 전달한다. 맨 앞 사람이 훌라후프 안에 실내화를 넣으면 된다. 실내화를 중간에 떨어뜨렸을 경우 다시 처음으로 보낸다. 시간 안에 많이 들어간 팀이 이긴다.
③ '실내화 농구'– 두 팀으로 나눈 후 우산 2개를 거꾸로 펼쳐 1m앞에 놓는다. 1명씩 교대로 우산 안에 들어갈 수 있도록 발을 이용하여 실내화를 던진다. 많이 들어간 팀이 이긴다.
④ '실내화 컬링'– 개인 경기로 고깔콘을 2m 앞에 놓고 발을 이용하여 가장 가깝게 실내화를 던진다.

바꿈

① '실내화 높이 쌓기'를 릴레이로. 하지 않고 모두 제자리에서 한꺼번에 높이 쌓게 겨루어도 좋다.

② 책상과 의자를 복도에 다 내어 놓고 모퉁이를 이용하여 4가지 경기를 만든 후 모둠별로 돌아가면서 경기를 하는 것도 좋다.

③ 상황에 따라 우산과 고깔콘의 위치를 조절할 수 있다.

나눔

① 활동을 하고 느낀 점을 서로 이야기한다.

② 손목, 발목, 허리를 풀어주는 정리운동을 실시하고 교실을 정리한다.

16. 콩주머니와 함께

운동회에서 이어달리기와 함께 뜨거운 단체응원을 이끌어낸 '박 터트리기'가 있습니다. 작은 콩주머니를 이용하여 박을 터트리면 박이 열리면서 여러 문장이 나와 모두의 박수를 이끌어 냈습니다. 지금은 업체를 통한 주문 제작이 가능하지만, 예전엔 이를 만들기 위해 선생님들과 함께 고민했던 기억이 납니다. 아이들의 작은 손에 들어오는 콩주머니는 말 그대로 주머니 안에 콩을 넣은 것입니다. 모래를 넣으면 모래주머니라 하고, 팥을 넣을 경우 팥주머니라고 합니다. 일본어에서 가져온 '오자미'로 묶어서 이야기하기도 합니다.

과거 콩주머니는 여자 아이들이 즐기는 놀이였습니다. 혼자나 둘이서 실내에서 할 수도 있고, 야외에서 편을 나눠 다수가 함께 할 수 있었는데, 그 방법이 다양합니다.

한 명이나 둘이서 실내에서 하는 것은 농주(弄珠)라는 전통놀이로 오늘날 저글링처럼 한 손으로 두 개를 가지고 노는 것이나 두 손으로 세 개를 가지고 위로 올리고 받으면서 노는 방식이었습니다. 야외에서 편을 나눠 놀 경우는 피구 방식으로 가위바위보로 편을 짜서 이긴 편은 '수콩', 진 편은 '암콩'이 되어 상대를 맞추는 방식이었습니다.

이외에도 긴 장대와 바구니를 매달아 일정한 시간 내에 콩주머니를 많이 넣기와 박을 매달아 콩주머니로 맞혀 누가 먼저 터트리는지를 겨루는 방법이 있었습니다.

콩주머니는 헝겊조각으로 주머니를 만든 후 콩이나 팥, 모래 등을 넣어서 만든 간단한 놀이도구입니다. 지금이야 공의 종류도 많고, 다양한 체육교구들이 있지만, 놀 것이 부족했던 과거에는 여러 용도로 쓸 수 있는 유용한 놀이 도구였습니다. 요즘은 콩주머니 놀이를 과거처럼 많이 하지 않습니다. 그렇지만, 손을 사용하고 집중력과 신체의 감각을 높이는 효과가 있기에 어린 아이들을 대상으로 하는 여러 놀이에서 활용합니다. 콩주머니를 사용하여 친구들과 함께 즐거운 놀이로 하나된 목소리를 내봤으면 합니다.

콩주머니와 함께 다양한 경기를 해 봐요.

농구, 제기차기, 릴레이, 볼링을 해요.

끝나고 정리하는 거 잊지 마세요!

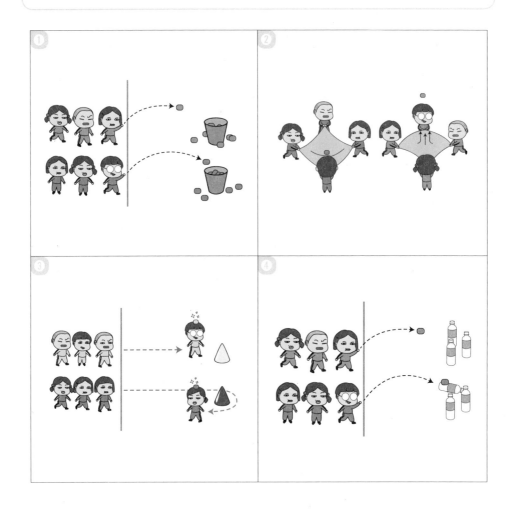

세움

- 준비물: 콩주머니 여러 개, 우산통, 고깔콘 2개, 페트병 여러 개
- 공간 배치: 아이들의 책상과 의자를 최대한 앞으로 붙이고 넓은 활동 공간을 마련

깨움

① 발목 돌리기, 무릎 굽혀 펴기, 허리 돌리기, 팔 돌리고 스트레칭, 목 운동
② '콩주머니와 한 몸'
  – 넓은 공간에 자유롭게 선 상태에서 교사의 신호에 따라 콩주머니를 신체 한 부분(발등, 어깨, 머리 위, 등, 손등, 팔꿈치 등)에 올려두고 돌아다녀 본다. 떨어뜨리면 제자리에 서 있고 다른 친구가 주워서 원래 신체 부위에 올려준다.
③ 게임규칙을 설명하면서 간단한 시범을 보인다.
④ 4가지 경기를 다 도전해 보도록 한다.

배움

① '콩주머니 농구'– 우산통을 1m 앞에 놓고 콩주머니를 넣어본다. 상황에 따라 우산통과의 거리를 조절해 본다.
② '콩주머니 단체 제기'– 4명 정도 보자기 끝을 잡고 위에 콩주머니를 올려놓고 협동하여 제기를 찬다.
③ '콩주머니 릴레이'– 남녀로 나눈 후 콩주머니를 손등, 발등, 머리 위에 놓고 1m 앞에 있는 고깔콘을 돌아오는 경기를 한다.
④ '콩주머니 볼링'– 페트병을 3개 정도 세운 후 콩주머니를 던져 쓰러뜨리는 경기를 해 본다.

바꿈

① '콩주머니 농구'를 할 때 발에 올려놓고 던져 넣기를 해 본다.
② '콩주머니 단체 경기' 시 인원을 다르게 해 본다.
③ '콩주머니 볼링'을 할 때 페트병의 수를 다르게 해 본다.

나눔

① 활동을 하고 느낀 점을 서로 이야기한다.
② 손목, 발목, 허리를 풀어주는 정리운동을 실시하고 교실을 정리한다.

17. 훌라후프와 콩주머니

다양한 형태의 훌라후프 안에 콩주머니를 던져요.

거리와 방향 및 높이를 잘 생각해야 해요.

훌라후프에 들어갔을 때의 기쁨을 느껴볼까요?

세움

- 준비물: 훌라후프, 콩주머니
- 공간 배치: 아이들의 책상과 의자를 최대한 앞으로 붙이고 넓은 활동 공간을 마련

깨움

① 발목 돌리기, 무릎 굽혀 펴기, 허리 돌리기, 팔 돌리고 스트레칭, 목 운동
② 1m앞에 훌라후프를 놓고 언더핸드 던지기, 오버핸드 던지기로 던져본다.
③ 게임규칙을 설명하면서 간단한 시범을 보인다.
④ 던지기를 실패했을 때 맨 뒤로 가 줄을 서고 자기 차례가 왔을 때 실패한 부분부터 실시한다.

배움

① (거리에 따라 던지기) 훌라후프 5개 정도를 1줄로 놓고 맨 앞에 있는 콩주머니를 넣어보도록 한다.
② (방향에 따라 던지기) 훌라후프 5개 정도를 옆으로 놓고 맨 왼쪽에 있는 콩주머니를 넣어보도록 한다.
③ (높이에 따라 던지기) 교사가 훌라후프 1개를(땅에 대기, 무릎 높이, 허리 높이, 얼굴 높이, 의자에 올라서서 얼굴 높이 등) 세워 놓고 통과하도록 한다.
④ (다양한 형태의 던지기) 훌라후프 5개를 자유롭게 놓고 훌라후프에 던져보도록 한다.

바꿈

① 학생들이 성취감과 자신감을 느끼도록 훌라후프의 수와 거리를 조절한다.

나눔

① 활동을 하고 느낀 점을 서로 이야기한다.
② 손목, 발목, 허리를 풀어주는 정리운동을 실시하고 교실을 정리한다.

18. 복불복 훌라후프

아이들이 가장 좋아하는 체육이지만, 이 시간을 기다리지 않는 아이도 있습니다. 움직이면서 활동하는 것을 싫어하는 성향을 가진 아이, 운동 신경이 좋지 않아 친구들에게 핀잔을 듣는 아이, 우리 팀에 피해를 입혀서 미안한 마음이 드는 아이입니다. 이러한 아이를 배려하기 위해 수준과 방법을 달리하여 활동을 하면 어떤 아이들은 누구에게만 특혜를 준다고 아우성을 칩니다.

그래서, 생각한 것이 '복불복' 게임입니다.

복불복(福不福)은 '복이 오거나 안 오거나' 라는 뜻으로 사람의 운수를 일컫는 말입니다. TV 예능 프로그램에서 벌칙자를 선발하거나 식사, 상품 등에서 제외시킬 때 자주 사용되지만, 체육시간에 적용하면 웃음을 줄 뿐만 아니라 누가 이길지 모르는 긴장된 상황이 연출되어 재미를 더합니다.

'복불복 훌라후프'는 달리기를 잘하거나 운동신경이 좋다고 이기는 활동이 아닙니다. 체육을 못한다고 주눅이 들어 있는 상화(가명)와 우리 반에 운동을 제일 잘하는 상은이(가명)가 달려 나가 동시에 체육교과서를 펼쳤습니다. 상화는 그 안에 사람이 없어 바로 출발선으로 돌아오는데, 상은이는 열 바퀴를 돌아야 하는 상황을 볼 수도 있습니다. 친구들이 상화의 이름을 부르며 환호해 주면 상화는 으쓱해지고 다음 체육 시간도 기대하면 기다릴 수 있습니다.

체육시간 위축된 아이들이 있나요? 모두의 즐거움을 위해 가끔은 복불복 게임을 해 보세요.

책을 펼치는 순간 10바퀴, 난 1바퀴 복불복이네요.

빨리 와서 콩주머니를 홀라후프에 넣어야 돼요.

오늘 운이 좋은 친구는 누구일까요?

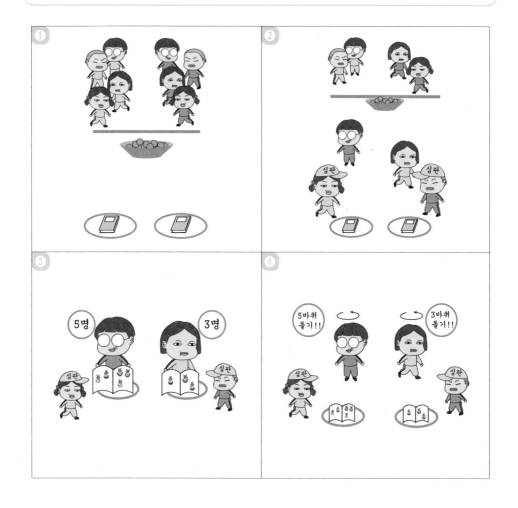

선의의 경쟁을! 아곤

세움

- 준비물: 훌라후프 2개, 체육교과서 2권, 콩주머니 여러 개
- 공간 배치: 아이들의 책상과 의자를 최대한 앞으로 붙이고 넓은 활동 공간을 마련

깨움

① 발목 돌리기, 무릎 굽혀 펴기, 허리 돌리기, 팔 돌리고 스트레칭, 목 운동

② '**훌라후프를 이용한 릴레이①**'

- 2팀으로 나누어 팀별로 1줄로 손을 잡고 줄을 선다. 시작 신호와 함께 맨 앞의 1번부터 훌라후프를 머리 위로 통과시켜 발밑으로 빼내어 2번에게 주고, 2번도 같은 방법으로 3번에게 주는 방법으로 계속 진행한다.
- 마지막 팀원까지 도착하는 팀이 이긴다.

'**훌라후프를 이용한 릴레이②**'

- 2팀으로 나누어 팀별로 1줄로 줄을 선다. 그리고 1번은 훌라후프를 목에 걸친다. 시작 신호와 함께 2번은 1번의 목에 걸려있는 훌라후프를 자신의 목으로 옮겨오는데, 두 사람 모두 손을 쓸 수 없다.
- 목에서 목으로 전달하여, 마지막 팀원까지 훌라후프를 먼저 보내는 팀이 이긴다.

③ 게임규칙을 설명하면서 간단한 시범을 보인다.

④ 체육교과서를 1장만 넘기지 않도록 한다.

⑤ '제자리 돌기'하고 나서 넘어질 때 다치지 않도록 심판이 도와 준다.

⑥ 콩주머니를 훌라후프 안에 던질 때 심판이 콩주머니에 맞지 않도록 유의한다.

배움

① 2팀으로 나눈다: 교실 출발선에 콩주머니를 바구니에 담아 놓고 반대편에는 훌라후프 2개를 놓고, 그 안에 체육교과서를 놓는다.

② 각 팀에서 1명씩 심판을 뽑아서 훌라후프 옆에 서도록 한다. 신호에 따라 1번 주자가 반대편으로 달려가 체육교과서를 펼치고 책에 나오는 사람 수를 센다.

③ 책에 나온 수만큼 제자리를 돈다. 이때 심판은 사람 수를 같이 세어 주고 제자리 돌기를 제대로 하는지 확인한다.

④~⑤ 제자리돌기를 마친 사람은 출발선으로 달려와서 콩주머니를 자기 팀의 훌라후프에 넣는다. 이때 벽을 맞거나 굴러 들어간 것도 인정한다.

릴레이 경기를 하고 빨리 끝나는 팀에게는 100점, 훌라후프 안에 들어간 콩주머니 한 개당 10점을 주어 점수가 높은 팀이 이긴다.

 바꿈

① 상황에 따라 3~4팀으로 나누어 경기를 해도 된다.

② 남녀 대결로 해도 좋다.

③ 체육교과서에 워낙 사람이 많아서 실제 사람 사진은 제외하고, 그림으로 나온 사람만 인정할 수 있다. 또한 다른 책으로 해도 된다.

④ '제자리 돌기' 대신에 '코끼리 코를 하면서 돌기'를 해도 된다.

⑤ 점수(빨리 끝나는 팀, 훌라후프 안에 들어간 콩주머니 개수)를 달리할 수도 있다.

 나눔

① 활동을 하고 느낀 점을 서로 이야기한다.

② 손목, 발목, 허리를 풀어주는 정리운동을 실시하고 교실을 정리한다.

19. 공 3개를 모아라

우리나라 여러 지역에서 흔히 하는 놀이로 '신발 뺏기'가 있습니다. 조선시대에는 '짚신 뺏기'라고 하였는데, 원 안에 신발을 놓고 술래가 신발을 지키면 밖에 있는 사람은 술래를 피하여 신발을 빼앗아 달아나고 술래는 그것을 잡는 놀이입니다.

'공 3개를 모아라' 활동은 운동회의 단골 종목인 '색판 뒤집기'와 '신발 뺏기'의 규칙이 합해졌습니다. 두 놀이의 원리인 '상대 편의 것은 가져오고, 우리 편의 것은 지켜야 한다'는 것입니다.

활동 속 아이들은 공을 지키는 것과 다른 곳에 있는 공을 가져오는 두 가지 일을 해야 합니다. 몸은 하나인데 다른 곳으로 이동하면 내 공을 빼앗기고 가만히 있으면 공을 가져올 수 없기에 이러지도 저러지도 못하는 진퇴양난의 상황에 빠지게 됩니다. 이럴 때는 부지런히 움직이는 것이 답입니다. 공을 이용하여 3개만 모으면 승리할 수 있습니다. 공을 매개로 세 명이 보여주는 팽팽한 긴장감이 이 활동에 활기를 넣습니다.

놀이의 요령은 가르쳐 주기보다 놀면서 스스로 터득하는 것이 좋습니다. 기본 규칙은 알려주되 승리하기 위한 법은 활동을 하면서 익히는 것이 좋습니다. '공 3개를 모아라'도 초반에는 눈치를 보면서 시간을 끌어 진행이 느슨할 수 있지만, 이는 자연스러운 흐름입니다. 상대편들에 대한 탐색과 마음의 준비가 되면 어느 순간부터는 움직임이 빨라집니다. 공을 집어 급하게 돌아오면서 자신의 위치에 놓지 못하는 경우도 생기고, 옆에서 가져온 공에 방심하다 다른 팀에 공을 빼앗기기도 합니다. 실수는 학습이 되고 아이들은 점점 빠른 동작으로 공을 옮깁니다. 여기저기 정신없는 긴장감의 연속이지만 이러한 정신없음, 긴장감이 재미라 할 수 있습니다. 잠시 멍하게 있으면 승부는 금세 나게 되니, 더욱 바빠집니다. 앞 친구의 모습을 보면서 자신도 준비하게 되고, 머릿속의 생각이 몸으로 구현되도록 움직이는 자신을 스스로 느낄 수 있습니다.

공 3개를 내 집에 가져가야 한다! 공만 보고 달리면 친구에게

내 집에 있는 공을 뺏겨요. 공을 지키는 것과 동시에 모아야 하기 때문에

순발력과 판단력이 필요해요. 친구보다 먼저 공을 모아 볼까요?

 세움

- 준비물: 다양한 크기의 공(탁구공, 테니스공, 피구공 등) 6개, 훌라후프 4개
- 공간 배치: 아이들의 책상과 의자를 최대한 앞으로 붙이고 넓은 활동 공간을 마련

 깨움

① 발목 돌리기, 무릎 굽혀 펴기, 허리 돌리기, 팔 돌리고 스트레칭, 목 운동

② '훌라후프에 공 넣기 릴레이'

  – 3모둠으로 나누어 공(탁구공, 테니스공, 피구공)을 선택하게 하고 5m 떨어진 훌라후프에 달려가서 공을 넣는다. 첫 번째 친구는 공을 넣기–두 번째 친구는 넣은 공 가져오기– 세 번째 친구는 넣기 등을 반복한다.

③ 게임규칙을 설명하면서 간단한 시범을 보인다.

④ 공에 신경을 쓰다보면 다른 친구와 부딪칠 수 있다.

⑤ 자기 집(훌라후프)에 공을 넣을 때 던지지 않도록 한다. 훌라후프 밖으로 나간 공은 인정하지 않는다.

⑥ 훌라후프에 있는 공을 1개씩만 가져다 놓는다.

 배움

① 3모둠으로 나눈다.(교실 상황에 따라 2모둠 또는 4모둠으로 해도 좋다.)

② 교실 가운데에 훌라후프를 놓고 그 안에 다양한 공을 모아놓는다. 그리고 가운데 훌라후프를 기준으로 삼각형 형태로 훌라후프를 놓는다. 이 때 훌라후프 간의 거리는 일정해야 한다.

③ ~ ④ 각 모둠의 첫 번째 친구들이 각자의 훌라후프 안에 들어가 있는다. 교사의 신호에 맞추어 가운데 훌라후프로 달려가 공 1개를 짚어 자기의 훌라후프에 놓는다. 친구들의 집에 가서 공을 가져올 수도 있다.

⑤ 공 3개를 빨리 모은 모둠에 1점을 주고 가장 많은 득점을 한 팀이 이긴다.

바꿈

① 같은 크기의 공으로 할 수 있다.

② 공 대신 우유갑으로 해도 괜찮다.

③ 상황에 따라 모으는 공의 숫자와 모둠 수를 변형할 수 있다.

나눔

① 활동을 하고 느낀 점을 서로 이야기한다.

② 손목, 발목, 허리를 풀어주는 정리운동을 실시하고 교실을 정리한다.

20. 이사 가자!

　놀이에는 각자의 규칙이 있고 여러 가지 기준이 있습니다. 술래의 유무와 팀 대항인지 아닌지, 함께 머리를 쓰면서 협동해야 하는지의 여부에 따라 놀이가 단순하기도 하고, 복잡해지기도 합니다. 쉽게 느껴지는가 하면 몇 번은 반복해야 익숙해지는 활동이 있습니다. '이사 가자'는 도망가는 사람을 잡는 술래잡기의 한 종류입니다. 실내에서 하는 교실체육으로 여러 술래잡기 놀이가 제시되었지만, 모두 술래라는 규칙에 몇 가지의 변수가 추가됩니다. 본 활동은 원마커를 이용하여 이동하는 자리를 지정하였고, 술래의 이동 신호가 추가되었습니다. 교실이라는 좁은 공간에서 안전하게 활동하려면 규칙준수와 함께 안전 확보를 위한 노력이 필요합니다. 책걸상은 밀어야 하고, 부딪칠 수 있는 것들은 치워야 합니다. 놀이에서 재미도 중요하지만 안전도 중요하기에 교실 안에서 안전 위해요소가 무엇이 있는지 점검하여 조치하는 것이 필요합니다.

　'이사 가자' 활동은 움직이는 범위를 정해놓고 활동합니다. 아이들은 활동을 하면서 신나게 놀면서 즐거워합니다. 술래를 피해 서로 섞고 섞이면서 겹치기도 합니다. 비어 있는 위치를 찾기 위해 이리저리로 뛰다보면 자신도 모르게 꽤 많은 거리를 움직이게 됩니다. 이동하는 친구를 잡기 위해 술래도 덩달아 뛰게 됩니다.

　처음에는 가까운 곳 바로 근처에 있는 원마커로 이동하다가 술래의 동선이나 성향을 파악하면 좀 더 모험을 하게 됩니다. '어디로 가야 내가 살까?'에서 '어떻게 하면 더 스릴을 느끼면서 놀까?'로 태도가 바뀌게 됩니다. 놀이에 익숙해지면 할 수 있다는 자신감이 생깁니다. 주변 상황을 좀 더 볼 수 있고, 다음 이사에선 어디로 가야할지도 미리 생각하게 됩니다. 아이들에게 놀이는 재미있는 배움이 됩니다. 술래 역시 몇 번의 실패이후 이동하는 친구들의 모습을 좀 더 관심 있게 지켜보고 이동경로도 파악하게 됩니다. 다른 곳을 보다가 순간 이동하여 잡는 것처럼 전략적으로 움직입니다. 활동이 반복되다 보면 처음엔 그냥 바쁜 움직임이 아이들의 경험에 의해 조금씩 더 정교해지고, 다양한 전략을 요구하게 됩니다.

술래가 "이사 가자"라고 말을 하면 친구들은 빨리 집을 옮겨야 해요.

이 때 술래가 이동하는 친구들 중 한 명을 잡으면 잡힌 친구는 술래가 돼요.

술래를 피해 안전하게 이사해 볼까요?

선의의 경쟁을! 아곤

 세움

- 준비물: 원마커 또는 접시콘
- 공간 배치: 아이들의 책상과 의자를 최대한 앞으로 붙이고 넓은 활동 공간을 마련

 깨움

① 발목 돌리기, 무릎 굽혀 펴기, 허리 돌리기, 팔 돌리고 스트레칭, 목 운동
② 게임규칙을 설명하면서 간단한 시범을 보인다.
③ 좁은 공간에서 움직일 때 친구들과 부딪치지 않도록 조심한다.
④ 술래는 친구들을 잡을 때 너무 세게 잡지 않도록 하고 가볍게 터치할 수 있도록 한다.
⑤ 술래가 되기 위해 고의적으로 술래에게 잡히지 않도록 주의시킨다.

 배움

① 원마커나 접시콘을 ①번 그림처럼 배치하되 학생 수를 고려하여 변형할 수 있다.
② 가위바위보로 술래를 정한다. 술래는 가운데에 있다. 다른 친구들은 원마커 위에 서 있는다.
③~④ 술래가 "이사 가자"라고 말을 하면 원마커 위에 서 있는 친구들은 다른 원마커로 이동을 한다. 이 때 바로 옆에 있는 원마커로는 갈 수 없다.
⑤ 술래는 이동하는 친구들 중에 한 명을 잡는다. 잡힌 친구는 술래가 되어 다시 활동을 계속한다.

바꿈

① 교실이 좁을 경우 두 팀으로 나누어 한 팀씩 진행할 수 있다.

② 먼저 한 팀에서 잡힌 친구가 빠져 나오고 새로운 팀에서 한 명씩 들어가서 활동을 할 수도 있다.

 나눔

① 활동을 하고 느낀 점(어려웠던 점, 재미있었던 점 등)을 서로 이야기한다.

② 손목, 발목, 허리를 풀어주는 정리운동을 실시하고 교실을 정리한다.

21. 도전! 99초를 잡아라

사람의 행동양식은 이유보다 필요에 의해 좌우됩니다. 공부도 해야 하고, 정리도 해야 하고 청소도 하는 것이 당연하지만 하지 않습니다. 시험기간이 되거나 누군가 찾아와야 공부도 힘내서 하고 청소도 열심히 하게 됩니다.

'도전! 99초를 잡아라'는 예능 프로에서 많이 나왔던 게임입니다. 인기 연예인들이 팀을 이뤄 몇 개의 미션을 누가 먼저 성공하느냐에 따라 승부가 결정됩니다. 참가자들의 실수가 웃음을 부르고, 예상치 못한 성공이 즐거움을 줍니다.

본 활동은 여러 종류의 미니게임을 모아서 진행됩니다. 목표물을 맞히거나 넣는 활동 기술이 필요한 '바구니 제기차기' 등의 놀이가 연결되어 하나의 큰 게임으로 구성됩니다. 아이들이 놀이를 즐겁게 하려면 내적 동기와 외적 동기가 필요합니다. 일단 상대방을 이기는 것이 중요하게 느껴집니다. 하지만 사실은 내가 원하는 결과가 나오지 않아 이를 해결하려는 마음이 생길 때 놀이에 더욱 몰입하게 됩니다. 손에 있는 것을 던져 원하는 곳으로 들어가면 좋은데, 그렇지 않기에 여러 번 더 던지게 됩니다. 이런 저런 고민을 하고 자신의 생각에 더 효율적인 방법을 사용하여 성공하려고 합니다. 그렇게 하다가 원하는 곳에 들어갔을 때 기쁨을 느끼고 놀이에 재미를 느낍니다. 자신의 목표를 향해 반복적으로 연습하고 성공하면서 진정한 재미를 느낄 수 있습니다.

99초의 짧은 시간에 여러 종목의 놀이를 성공해야 합니다. 내가 잘하는 것도 있고 익숙하지 않은 것도 있습니다. 하지만 그리 어렵진 않습니다. 할 수 있을 것 같은 놀이이며 운에 좌우되고, 승부를 내는 것도 있지만, 게임 중간 생기는 예상치 못한 상황들이 즐거운 활동입니다. 이 게임의 즐거움은 승부를 위한 협력입니다. 함께하는 협력의 중요성을 스스로 알게 되는 활동이라 할 수 있습니다.

각자 맡은 종목을 99초 안에 해야 해요.

실패하면 처음부터 다시! 우리 팀 모두 협동하면 성공!!

함께 도전해봐요.

선의의 경쟁을! 아곤

 세움

- 준비물: 훌라후프, 바구니와 피구공, 제기, 주사위, 줄넘기 줄
- 공간 배치: 아이들의 책상과 의자를 최대한 앞으로 붙이고 넓은 활동 공간을 마련

깨움

① 발목 돌리기, 무릎 굽혀 펴기, 허리 돌리기, 팔 돌리고 스트레칭, 목 운동
② 게임규칙을 설명하면서 간단한 시범을 보인다.
③ 좁은 공간에서 움직일 때 친구들과 부딪치지 않도록 조심한다.

배움

① 두 팀으로 나누어 진행한다(남녀별로 해도 좋다).

종목	실시방법	인원
훌라후프	훌라후프를 20회 돌려야 한다.	1
바구니와 공	한 사람은 공을 던지고 다른 사람은 바구니로 받아야 한다. (던지고 받는 선 긋기)	2
코끼리코 실내화	코끼리코 돌기를 5회 실시하고 실내화를 발을 이용하여 위로 던지고 손으로 받는다.	1
바구니 제기	바구니로 제기를 3번 찬다.(머리 위로 제기가 올라가야 함)	1
주사위	주사위를 던져 짝수(2,4,6)이 나와야 한다.	1
줄넘기	두 명이 줄넘기줄을 돌리고 1명씩 뛰어 들어와 2명이 같이 10번을 뛰어야 한다.	4

② 각 팀에서 도전해야 할 종목과 인원수를 알려주고 선수를 뽑는다.

③～⑦ 교사의 신호에 따라 첫 번째 종목(훌라후프)부터 가운데에 와서 실시하고 성공하면 바로 두 번째 종목을 실시한다.(미리 준비물을 가지고 있다가 "성공"이라고 말을 하면 바로 가운데로 와서 실시한다.)

각 종목에 실패를 하면 다시 처음 종목으로 와서 실시하고 99초 안에 6개 종목을 다 성공하면 이긴다. 두 팀이 다 성공하면 짧은 시간에 성공한 팀이 이긴다.

바꿈

① 음악 〈Hawaii Five-O〉을 틀어주면 더 박진감이 넘친다.

② 교실 상황에 따라 인원수와 종목을 달리해도 된다.

③ 종목에 실패했을 때 처음으로 가지 않고 성공할 때까지 하고 난 후 마지막 시간을 재보는 것으로도 할 수 있다.

나눔

① 활동을 하고 느낀 점(어려웠던 점, 재미있었던 점 등)을 서로 이야기한다.

② 손목, 발목, 허리를 풀어주는 정리운동을 실시하고 교실을 정리한다.

22. 동대문 술래잡기

아이들이 좋아하는 술래잡기 놀이 중 '얼음 땡'이 있습니다. 방법이 쉬우면서 잡히기 전 '얼음'하면 잠시 동안 술래와의 치열한 추격전에서 잠시 열외가 되는 재미가 있기에 많이 좋아합니다. 이보다 먼저 1960년대 유행했던 '앉은뱅이'라는 놀이도 있습니다. 이 놀이는 '얼음' 대신에 '앉은뱅이'하면서 제자리에 앉는다는 것이 다릅니다. 이렇듯 놀이에 작은 변수를 넣어주면 더욱 재밌어집니다. 일정한 구역만 정해진다면 10명 이내의 아이들이 술래를 약 올리기도 하고 이리저리 피하면서 게임할 수 있습니다.

동대문 술래잡기는 많이 뛰는 것보다 짝과 함께 힘을 합하여 동대문을 빠르게 만들 것을 요구합니다. 혼자서 빠른 발로 피하는 것이 아니라 짝과 함께 움직이기 때문입니다. 혼자서는 더 빠르고 더 멀리 술래를 피해 이동할 수 있지만, 다른 누군가와 함께 붙어서 빠르게 이동하기가 힘듭니다. 결국 둘이 힘을 합하여 움직일 수 있도록 소통도 해야 하고, 술래가 가까이 왔을 때 함께 "동대문"하고 외치면서 빠르게 동대문도 만들어야 합니다.

게임을 하기 시작하면 동대문을 바로 만들게 되는 팀도 생기고 멀리 달아나는 팀도 있습니다. 술래의 손길이 닿기 전 동대문을 만들게 되는데, 이때 다른 팀 친구들이 그 안을 지나가야 살게 됩니다.

동대문은 술래로부터 다른 팀이 피하게 하는 장애물의 역할도 하게 됩니다. 교실 곳곳의 동대문이 만들어지고 그 사이로 지나면서 친구를 살리는 팀도 생깁니다. 애써 쫓아가서 동대문을 외치게 했는데, 다른 곳을 본 사이 살아나는 것을 본 술래는 약이 오를 수 있습니다. 하지만 술래잡기의 묘미는 한번 술래가 계속 술래는 아니라는 사실입니다. 운동장처럼 넓은 공간은 아니지만 곳곳에 동대문이 세워지는 변수가 생기면서 더욱 재미있는 상황들을 기대할 수 있습니다.

술래 두 명, 술래를 피하는 친구도 두 명이 한 팀이 되어 꼭 붙어 다녀야 해요.
술래가 잡으려 하면 "동대문"하고 둘이 동대문 만들고 친구 2명이 지나가면
다시 움직일 수 있어요. 좁은 공간을 요리조리 피해 볼까요?

세움

- 준비물: 팀조끼 2개
- 공간 배치: 아이들의 책상과 의자를 최대한 앞으로 붙이고 넓은 활동 공간을 마련

깨움

① 발목 돌리기, 무릎 굽혀 펴기, 허리 돌리기, 팔 돌리고 스트레칭, 목 운동
② "동대문을 열어라"
　– 남녀별로 따로 실시한다.
　– 2명이 동대문을 만든다.
　– 1줄로 서서 앞 친구의 어깨에 손을 올린다.
　– "동동 동대문을 열어라" 노래에 맞춰 동대문을 통과한다. 노래가 끝날 때 손을 밑으로 내렸을 때 갇힌 친구는 밖으로 나왔다가 2명이 되면 처음 동대문을 만든 팀 앞 쪽에 동대문을 만든다.
　– 최종적으로 남은 친구가 나올 때까지 해 본다.
③ 게임규칙을 설명하면서 간단한 시범을 보인다.
④ 좁은 공간에서 움직일 때 친구들과 부딪치지 않도록 조심한다.

배움

① 2명이 한 팀이 되게 한 후 가위바위보로 술래를 정한다. 술래는 팀조끼를 입는다.

② 교사의 신호에 따라 친구들은 도망가고 술래는 잡으러 간다. 이 때 술래와 피하는 친구들은 손을 잡고 다녀야 한다.

③ 술래에게 잡히려고 할 때 "동대문"이라고 외치면서 2명이 손을 잡고 머리 위로 올리면서 동대문 모양을 만든 후 움직이면 안 된다.

④～⑥ 다른 친구들 2명이 동대문 사이를 통과하면 다시 활동을 할 수 있다. 동대문 만들기 전에 잡히면 아웃이 되고 밖으로 나간다. 술래를 바꿔 가면서 실시해 본다.

 바꿈

① 아웃되면 경기장 밖으로 나간 후 둘이 "팔벌려 뛰기 5회"를 한 후 다시 안으로 들어가서 활동을 할 수 있다.

② 교실 상황에 따라 술래의 인원을 달리해 본다.

 나눔

① 활동을 하고 느낀 점(어려웠던 점, 재미있었던 점 등)을 서로 이야기한다.

② 손목, 발목, 허리를 풀어주는 정리운동을 실시하고 교실을 정리한다.

23. 소 잃고 외양간 고친다

일이 이미 잘못된 후에 손을 쓰는 것은 소용이 없습니다. 자기가 하려는 일이 잘못되었어도 이를 모르면서 시행하거나 간과하다가는 나중에 더 크게 후회합니다.

'소 잃고 외양간 고친다'는 안전 불감증이 만연한 현 세태를 비판하는 표현으로도 많이 쓰입니다. 안전을 위해 주기적으로 점검하고 보수해야 하는 시설을 보수하지 않거나, 안전수칙을 쉽게 생각하다 사고를 당하고 나서야 비로소 복구 작업을 하는 뉴스를 종종 봅니다.

우리에겐 예전부터 내려온 속담이지만 근래 인터넷을 보면 이와 관련된 다음과 같은 유머들이 있습니다.

> 최상의 상황은 소 잃기 전에 외양간을 점검한다.
> 중상은 소 잃고 외양간 고친다.
> 중하는 소 잃어도 외양간을 안 고친다.
> 최하는 소 잃었으니 외양간 부순다.

사실 소 잃기 전에 외양간을 고치는 것은 쉬운 것이 아닙니다. 사건이 발생하지 않은 상태에서는 사람들의 관심이 적고 인지하지 못합니다. 평소와 똑같은 일상이 지속적으로 이어지기 때문에 사람들의 관심을 받지 못하는 것입니다.

가장 나쁜 상황은 소 잃었으니 외양간을 없애버리는 것입니다. 소를 잃어도 외양간을 고쳐야지 다음에 이러한 불상사가 생기지 않습니다. 그런데 소 잃었다고 다 버리고 포기하는 상황이 되어버리거나 다른 멀쩡한 부분까지 없애버리는 경우가 우리 주변에 있지 않는지 생각해봅니다.

학교에서 교사는 수시로 주변을 살펴봐야 합니다. 교실도 보고 학교 시설도 보고 아이들도 봐야 합니다. 아이들에게 어떤 영향이 있을지를 살펴보고 확인해야 합니다. 소 잃었다고 외양간을 부수고 옆에 있는 멀쩡한 개집까지 부숴버리는 모습이 있지 않은지 생각하게 됩니다.

술래가 "소"라고 말하면 가운데 친구가 움직이고 "외양간"이라고 말하면
양쪽 친구들이 움직여야 해요. "소, 외양간"하면 새로운 소와 외양간을 만들어요.
술래의 말을 잘 듣고 재빠르게 움직여 볼까요?

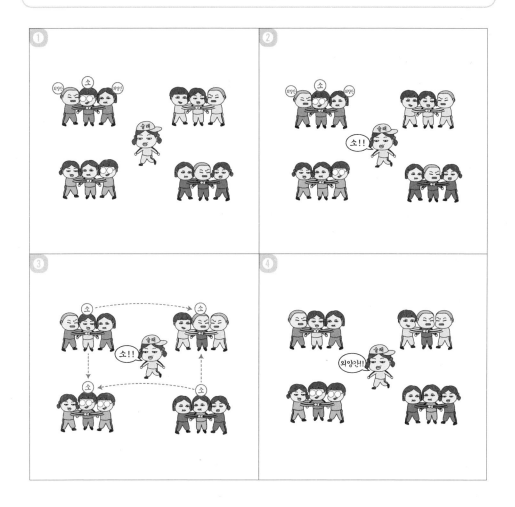

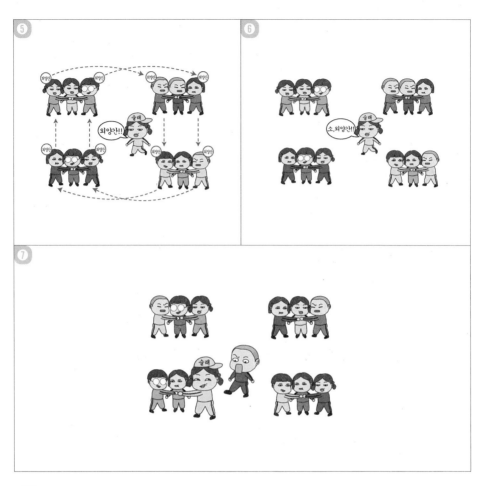

 세움

- 준비물: 준비물 없음
- 공간 배치: 아이들의 책상과 의자를 최대한 앞으로 붙이고 넓은 활동 공간을 마련

 깨움

① 발목 돌리기, 무릎 굽혀 펴기, 허리 돌리기, 팔 돌리고 스트레칭, 목 운동
② "비켜"
  - 2명이 1조로 짝을 짓고 두 손을 올려서 마주잡고 서 있다.
  - 2명을 뽑고 1명은 쫓는 역할, 1명은 도망가는 역할은 한다.
  - 시작 신호와 함께 쫓는 친구를 피해 도망가다가 마주잡고 서 있는 친구 중 한명에게 "비

켜"하면서 손으로 살짝 터치를 하고 남아 있는 친구와 마주잡는다.

- "비켜"라고 들으면서 터치 당한 친구는 쫓는 친구를 피해 도망간다.
- 쫓는 친구에게 터치를 당하면 술래가 되어 계속 진행한다.

③ 게임규칙을 설명하면서 간단한 시범을 보인다.

④ 좁은 공간에서 움직일 때 친구들과 부딪치지 않도록 조심한다.

배움

① 3인 1조로 짝을 짓고 가위바위보를 하여 1, 2위는 두 손을 머리 위로 올려서 마주잡고 선 "외양간"이 되고 3위는 그 안에 들어간 "소"가 된다.

② 술래는 "하나 둘 셋" 신호를 하고 나서 "소", "외양간", "소, 외양간" 3가지 중 한 가지를 큰 소리로 외친다. 술래가 "소"라고 말하면 외양간들은 가만히 있고 소끼리 다른 외양간으로 들어간다. 이 때 술래는 비어있는 외양간 한 곳으로 들어간다.

③ 술래가 "외양간"이라고 외치면 "소"는 가만히 있고 "외양간"이 다니면서 다른 "소"를 씌워 가둔다. 술래도 빨리 가서 외양간을 만든다.

④～⑦ "소, 외양간"이라고 외치면 전체가 다 흩어져 새로운 친구들과 소와 외양간을 만든다. 소가 외양간이 되고 외양간이 소가 되어도 상관없다. 단, 세 명이 흩어져서 같은 친구들과 다시 소와 외양간이 되면 안 된다. 외양간이나 소가 못된 친구가 다음 술래가 된다.

바꿈

① "소, 외양간"을 외치면 우왕좌왕할 수 있다. 학생들 수준에 따라 이 말은 생략할 수 있다.

② 교실 상황에 따라 남녀로 나누어서 진행할 수 있다.

③ "소, 외양간"이라고 할 때 남자 2명이 만든 외양간에는 여자 소만, 여자 2명이 만든 외양간에는 남자 소만 들어가고 남녀 같이 만든 외양간에는 아무나 들어갈 수 있다고 규칙을 바꿀 수 있다.

④ 묻고 답할 때 큰 소리로 이야기를 해야 해당되는 친구들이 잘 움직인다.

⑤ 교사가 같이 참여해도 좋다.

나눔

① 활동을 하고 느낀 점(어려웠던 점, 재미있었던 점 등)을 서로 이야기한다.

② 손목, 발목, 허리를 풀어주는 정리운동을 실시하고 교실을 정리한다.

24. 사목 빙고 게임

인터넷에서 아이들이 두 팀으로 나뉘어 훌라후프 속으로 부지런히 조끼를 움직여 먼저 한 줄을 만드는 팀이 이기는 영상을 보았습니다. 내 것만 놔두는 것이 아니라 다른 팀의 것도 옮기면서 우리 팀의 줄이 먼저 만들도록 하는 활동이었습니다. 이를 교실 체육으로 적용한 활동이 사목 빙고 게임입니다.

실제 활동을 하면 처음에는 자신도 모르게 게임이 종료가 됩니다. 어떻게 하는지 모르는 사이에 상대편이 먼저 줄을 만들어 승리합니다. "어? 졌네" 하는 이야기가 나오면서 비로소 상대방이 어떻게 했는지를 살펴보게 됩니다.

이 활동은 전체적인 상황을 파악해서 자기편의 것을 어디에 옮길지 파악하는 것이 중요합니다. 처음에는 '먼저 놨다 – 나중에 놨다'에 대한 것과 그에 따라 어떻게 대응할지를 생각해야 합니다. 분주히 움직이는 친구들의 움직임을 파악하지 못하고 그냥 놨다 옮겼다를 반복하지만 몇 번 해 보면 어떻게 하는지 깨닫게 됩니다.

놀이 중간에 큰 목소리들이 나오기 시작합니다. 친구들의 훈수입니다. "그래 그쪽이야." "아니지 그것을 움직여야 해." 달리는 것도 중요하지만 그보단 내가 놓으려는 순간 앞에서 변경하였을 때 나는 어떻게 해야 하는지를 순간적으로 생각해야 합니다. 부지런히 움직이다 보면 어느 순간 물 흐르듯이 순식간에 연결이 되는 경우가 생깁니다.

때로는 역동적으로 움직이다 어느 순간 탐색의 정적이 흐르기도 합니다. 그러다 한쪽이 실수하면 바로 다음 수로 넘어가게 됩니다.

나름 터득한 규칙과 친구들의 외침, 그리고 운에 따라 멋진 드라마가 완성되고 그 순간 큰 목소리로 "야호!"라는 소리가 절로 나오는 활동입니다.

달려 나가서 접시콘 위에 팀조끼를 놓아요.

가로, 세로, 대각선으로 팀조끼가 나란히 4개가 되었을 때 "빙고"라고 외쳐요.

"사목"을 생각하면서 팀조끼를 놓아 볼까요?

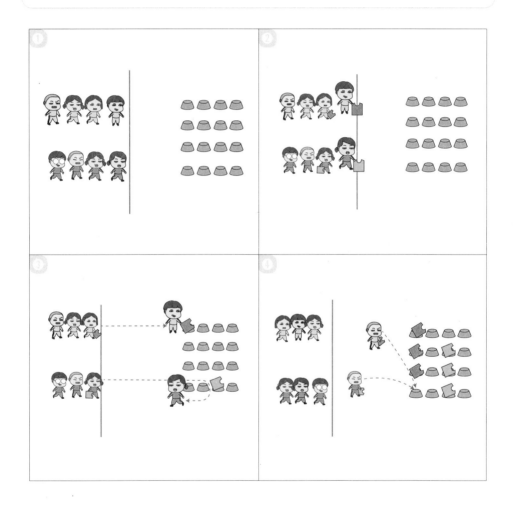

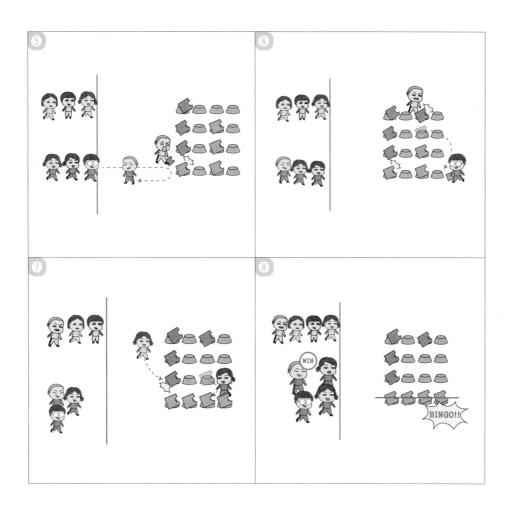

 세움

- 준비물: 출발선, 접시콘 16개, 색깔이 다른 팀조끼
- 공간 배치: 아이들의 책상과 의자를 최대한 앞으로 붙이고 넓은 활동 공간을 마련

 깨움

① 발목 돌리기, 무릎 굽혀 펴기, 허리 돌리기, 팔 돌리고 스트레칭, 목 운동
② "3줄을 만들자"
 – 3m 정도 앞에 접시콘을 3*3 형식으로 조금 간격을 벌려서 9개를 놓는다.
 – 2팀으로 나누고 팀 별로 색깔이 다른 팀조끼를 한 명씩 들고 서 있다.

– 시작 신호와 함께 첫 번째 친구들은 빨리 앞으로 나가 접시콘에 팀조끼를 올려 놓는다.

– 놓고 다음 친구에게 터치를 하면 가서 팀조끼를 놓되 3줄(가로, 세로, 대각선)을 만들려고 노력한다. 상대방이 3줄을 만들 수 없도록 중간에 놓아도 된다.

– 먼저 3줄을 만들면 이긴다.

③ 게임규칙을 설명하면서 간단한 시범을 보인다.

④ 좁은 공간에서 움직일 때 친구들과 부딪치지 않도록 조심한다.

⑤ 팀조끼를 접시콘에 놓을 때 던지지 않도록 한다.

배움

① 3m 정도 앞에 접시콘을 4*4 형식으로 조금 간격을 벌려서 16개를 놓는다.

② 2팀으로 나누고(남녀대항으로 해도 좋다) 1줄로 선 다음 팀 별로 색깔이 다른 팀조끼를 앞의 4명만 들고 서 있는다.

③ ~ ⑦ 시작 신호와 함께 첫 번째 친구들은 빨리 앞으로 나가 접시콘에 팀조끼를 올려 놓는다. 다음 친구도 팀조끼를 놓되 4줄(가로, 세로, 대각선)을 만들려고 노력한다. 상대방이 4줄을 만들 수 없도록 중간에 놓아도 된다.

⑧ 5번째 친구는 달려 나가 놓여 있는 자기 팀조끼 하나를 다른 곳으로 옮겨 놓는다. 먼저 4줄을 만들면 이긴다.

바꿈

① 접시콘 대신 고깔콘을 사용해도 좋다.

② 5*5 형식으로 만들어 오목 빙고 게임으로 진행해도 좋다.

나눔

① 활동을 하고 느낀 점(어려웠던 점, 재미있었던 점 등)을 서로 이야기한다.

② 손목, 발목, 허리를 풀어주는 정리운동을 실시하고 교실을 정리한다.

25. 돈~가스

때는 2009년 8월 어느 날 가족과 함께 TV를 보며 저녁을 먹고 있었습니다.

그 때 나온 프로그램이 '무한도전'. '무한도전'을 무척 좋아했던 우리 가족들은 밥 먹는 것도 잊은 채 눈을 TV에 고정시키고 있었습니다. 그날은 순수한 추억을 찾아 어린 시절로 돌아간 여름방학 특집으로 초등학생이 된 무한도전 멤버들이 '돈가스'라는 놀이를 하는 것이 나왔습니다. 밥을 먹는 둥 마는 둥 그 놀이에 빠져들고 프로그램이 끝나자마자 초등학교 2학년인 아들과 유치원생인 딸과 함께 거실에서 '돈가스' 게임을 하였습니다. 실제로 해 보니 너무 재미있어 당장 학교에 가서 반 아이들과 하리라 다짐하였고 주말이 그렇게 더디 가는 줄 몰랐습니다.

월요일 아침 반 아이들에게 '돈가스'하는 방법을 이야기해 주고 교실 뒤편에서 훌라후프를 가지고 하게 되었는데 무척 재미있어 하는 것이었습니다. 쉬는 시간에 반 아이들이 운동장에서 '돈가스'를 하고 있는데 다른 학년의 학생들이 와서 구경을 하였고 그날은 여기저기서 '가스', '가스'라는 말이 울려 퍼지는 것이었습니다.

해마다 빠지지 않고 아이들과 교실에서 하는 놀이 중의 하나가 '돈가스'입니다. 전래 놀이의 하나인 '왕짱구놀이'와 비슷합니다. 이 놀이를 하다 보면 뛰는 동작을 통해 다리 근력을 키울 수 있고 뛰고 멈추는 동작을 통해 자신의 신체 조정력을 향상시킬 수 있습니다. 또한 작은 원에서 자신의 위치를 조정하며 움직여야 놀이를 잘 할 수 있기 때문에 공간 지각력을 키울 수 있습니다. 무엇보다도 한 걸음 움직일 때마다 피해야 하는 빠른 판단과 순발력이 요구되는 활동입니다.

'돈가스!' 라는 재미있는 말이 무척 긴장하게 만들어요. 작은 원을 하나 그려 놓고
상대방의 발을 밟는 놀이입니다. 이 놀이는 뛰기와 멈추기, 공간 이용을 잘 해야만 놀이의
참 맛을 느낄 수 있습니다. 다 같이 '돈~가스!' 라고 외쳐 보면서 움직여볼까요?

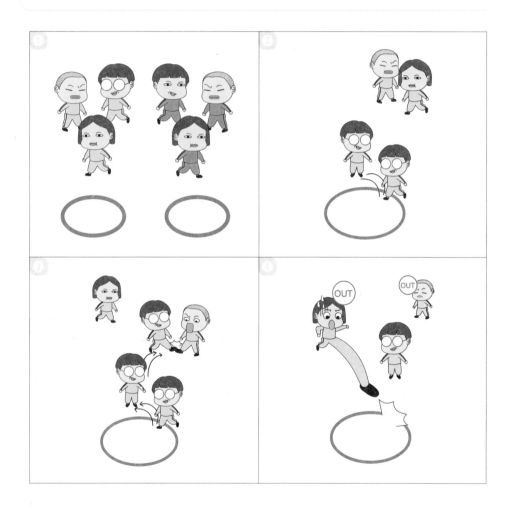

선의의 경쟁을! 아곤

세움

- 준비물: 훌라후프 2개
- 공간 배치: 아이들의 책상과 의자를 최대한 앞으로 붙이고 넓은 활동 공간을 마련

 깨움

① 발목 돌리기, 무릎 굽혀 펴기, 허리 돌리기, 팔 돌리고 스트레칭, 목 운동
② 한팔을 벌려 1m 간격으로 선 후 선생님의 신호에 따라 스텝을 밟으면서 다리를 앞으로 옆으로 움직이는 연습을 하며 몸을 푼다.
③ 게임규칙을 설명하면서 간단한 시범을 보인다.
④ 친구의 발을 밟을 때 세게 밟지 않도록 한다.

 배움

① 두 군데 나눠서 훌라후프를 놓고 게임이 진행된다. (모둠별로 하거나 남녀가 따로 해도 괜찮다.)
② 첫 번째 아이가 훌라후프 안을 디디면서 "돈"이라고 말하고, 밖으로 나가면서 "가스"라고 외친다. 마지막 아이까지 '돈 가스'를 말하면서 같은 동작을 한다.
③ 다시 첫 번째 아이 차례가 왔을 때 그 아이는 "돈"하면서 훌라후프 안을 디딘 후 "가스" "가스"(가스라는 말이 한 번씩 늘어난다.) 외치면서 자기의 발을 다른 친구의 발에 닿게 한다. 이때 친구들은 "가스"라는 말에 한 걸음 움직여 피할 수 있다.
④ 발이 닿은 아이는 "아웃"이 되어 밖으로 나간다. 계속적으로 활동하여 최종적으로 남은 아이가 이기게 된다. 자기 차례일 때 훌라후프를 디딜 수 없는 경우도 "아웃"이 된다.

 바꿈

① "돈" "가스" 처음부터 친구들의 발을 닿게 해본다.
② 술래에게 잡힌 경우 새로운 술래가 되어 게임을 다시 시작해보기도 한다.
③ 전래놀이 '왕짱구놀이'도 해 본다.
  - 반지름 1m정도의 원을 그린다.
  - 가위바위보로 순서를 정해 모두 안으로 들어가 1등부터 차례로 '왕! 짱! 구'라는 말과 함께 원으로부터 멀리 세발 뛰어간다.
  - 순서대로 왕짱구 하면서 뛰는데 짱구 동작에서 다른 사람의 발을 밟는다. 가만히 있지 않고 밟힐 것 같으면 피한다. 다른 사람에게 발을 밟히거나 금을 밟았을 때는 죽는다.
  - 마지막에 남은 한 명이 최종 승자가 되어 1등이 되고 늦게 죽은 순서대로 차례가 되어 진행한다.

나눔

① 활동을 하고 자신이 발견한 게임 요령과 느낀 점(잘 안된 점, 잘된 점, 재미있던 점 등)을 서로 이야기한다.

② 손목, 발목, 허리를 풀어주는 정리운동을 실시하고 교실을 정리한다.

26. 개미 술래

아이들은 작은 것도 크게 생각하고, 별 것 아닌 것에도 큰 웃음을 보입니다. 어른들의 생각에 '이 놀이가 그렇게 재밌을까? 무슨 재미가 있지?'라고 하는 것도 아이들은 재밌어 합니다. 다른 누군가와 술래잡기를 하는 것이나, 노래에 맞추어 몰려다니는 것, 좁은 공간에서 이리저리 움직이는 것이 모두 재미가 됩니다.

요즘에는 놀이에 대해 잘 모르는 상태에서 놀아야하는 경우가 많습니다. 교실 속 놀이도 처음 접하면 아이들은 어쩔 줄 몰라 합니다. 그래서 하나씩 작은 것부터 가르쳐주어야 합니다. 아이들은 배우고 따라하는 것을 잘합니다. 한두 번 보면 자기방식대로 이해하고 조금씩 따라하면서 놀이를 배우게 됩니다. 말로 설명하는 것보다는 부족하더라도 몸으로 따라 하게 두는 것이 좋습니다. 놀이의 흐름을 익히고 자기가 직접 해보는 것이 놀이를 배우는 방법입니다.

개미 술래 놀이는 한명과 전체가 대결하는 장면을 보입니다. 게임이 시작되어 술래가 된 나는 내가 앉을 자리를 찾으려고 합니다. 그러나 나의 자리는 없습니다. 의자에 앉아야 하는데 비어 있는 의자에 앉으려고 하면 다른 친구가 먼저 와서 앉습니다. 어찌할 줄 모르는 상황에서 어떻게 해야 할까요?

개미 술래의 처음에는 어디로 가야할지 모르는 술래도 몇 번의 실패를 겪고 나면 빈자리가 보이기 시작합니다. 어느 방향으로 가야할지 어떻게 빈자리에 앉을지에 대한 나름의 방법을 알게 됩니다. 스스로 익히는 과정이 쉽지는 않습니다. 기분이 나쁠 수도 있습니다. 이때의 마음을 나중에 나눠보는 것도 좋습니다. 하다보면 스스로 알게 되는 놀이를 통해 아이들은 재미를 느끼게 됩니다. 그 과정이 처음부터 쉽진 않고, 느려 보일 수 있지만 그것도 아이들에게는 재미가 될 것입니다.

개미가 개미구멍으로 들어가는 것을 막듯이

한 명의 술래가 자리에 앉지 못하도록 모든 친구들이 단합하는 활동이에요.

활동을 하고 나서 느낀 점도 이야기해 볼까요?

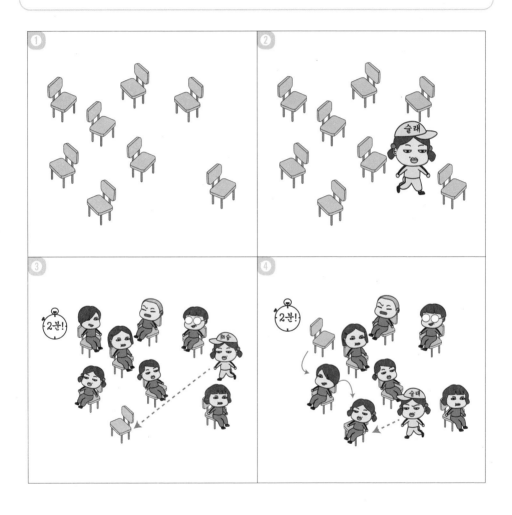

 세움

- 준비물: 개인 의자
- 공간 배치: 아이들의 책상을 최대한 앞으로 붙이고 넓은 활동 공간을 마련

 깨움

① 발목 돌리기, 무릎 굽혀 펴기, 허리 돌리기, 팔 돌리고 스트레칭, 목 운동
② "의자에 앉자"
  - 학생들 수보다 1개 적은 수의 의자를 다양한 방향으로 놓는다.
  - 음악에 맞춰 자유롭게 이동하다가 음악이 멈추면 친구들은 재빨리 자리에 앉는다.

– 앉지 못하면 경기장 밖으로 나가고 의자를 1개 치우고 계속 진행한다.

③ 게임규칙을 설명하면서 간단한 시범을 보인다.

④ 좁은 공간에서 움직일 때 친구들과 의자에 부딪치지 않도록 조심한다.

⑤ 술래는 절대 달리지 않고 걸어서 의자에 앉으려고 노력해야 한다.

⑥ 술래가 자리에 앉을 때 의자를 절대 빼지 않도록 주의를 준다.

 배움

① 학생 수보다 1개 더 많은 의자를 준비하고 다양한 대형으로 놓는다. 술래를 1명 정한다. 교사가 먼저 술래를 하면 좋다(적절하게 조절할 수 있고 일부러 져서 분위기를 띄울 수도 있다).

② 적절한 시간(2분 정도)의 타이머를 TV화면에 띄우고 시작 신호와 함께 술래는 친구들이 앉지 않는 빈 의자를 찾아 앉으려고 걸어간다.

③ 다른 친구들은 술래보다 미리 달려가서 자리를 옮겨 앉아 술래가 그 의자에 앉지 못하게 한다.

④~⑦ 시간 안에 의자에 앉으면 술래가 이기고, 앉지 못하면 친구들이 이긴다. 술래가 바뀌어서 진행한다.

 바꿈

① 의자 대신 원마커 위에 서서 활동해도 된다.

② 의자를 원형으로 배치하고 해 본다. 이 때 빈 의자 바로 옆의 친구는 빈 의자에 앉지 못하게 규칙을 넣을 수 있다.

 나눔

① 활동을 하고 느낀 점(어려웠던 점, 재미있었던 점 등)을 서로 이야기한다.

특히 술래에게 "친구들이 의자에 앉지 못하게 할 때 어떤 기분이 들었나요? 라는 질문을 던져 본다.

② 손목, 발목, 허리를 풀어주는 정리운동을 실시하고 교실을 정리한다.

27. 빵빵빵! 보물을 차지하라

　놀이 중에서 눈을 감는 놀이가 많습니다. 눈을 가리면 보이지 않죠. 시각이 차단되면서 불편해집니다. 게임을 할 때 눈으로 보고 움직여야 하는데, 보이지 않으니 답답해지고 불안해집니다.

　전래놀이 중 술래가 된 사람이 수건이나 끈으로 눈을 가리고 다른 사람을 잡는 까막잡기 놀이가 있습니다. 옛날에는 눈이 보이지 않는 사람을 까막눈이라고 불렀는데, 눈을 가리는 놀이라 해서 까막잡기란 이름으로 불렸습니다. 이 놀이는 지방에 따라 소경놀이, 봉사놀이, 판수놀이라고도 합니다. 술래를 뽑아서 "날 잡아봐라"하면서 소리를 내어 유인하는 방법도 있고, 눈을 감고 있다가 나가는 사람을 맞히는 방법 등 다양한 놀이 방법이 있습니다. 교실에서 눈을 가리는 활동으로 게임을 할 경우 청각을 의지하게 됩니다. 평소에 사용하지 않았던 다른 감각들이 함께 올라옵니다. 소리에 집중해야 하기에 주의집중력도 길러집니다. '보물을 찾아라' 활동은 눈감은 술래가 의자에 앉고 주위를 둘러싼 친구들에게 "멈춰"라고 말합니다. 눈을 감긴 했지만 전체적인 상황을 통제할 수 있습니다. 그리고 사람이 있을 법한 장소를 골라서 "빵! 빵! 빵!"하는 소리와 함께 그 곳을 그냥 찍습니다. 말 그대로 그냥 찍는 것이죠. 눈이 보이지 않으니 소리가 났던 곳이나 왠지 그냥 그쪽에 사람이 있을 것 같은 방향을 가리키는 겁니다. 가리키는 방향에 친구가 있다면 아웃시킬 수 있습니다. 눈이 보이지 않지만 상황을 통제할 수 있고 상대를 아웃시킬 수 있습니다. 눈을 가린 술래지만 무조건 불리하기만 한 것은 아닙니다. 그래서 예상치 못한 우연한 즐거움이 있는 활동입니다.

　이 활동의 중요한 점은 느낌입니다. 눈을 가렸을 때의 느낌, 보물을 찾기 위해 멈춰야 하고, 술래에게 우연찮게 걸려서 아웃되었을 때의 느낌이 그것입니다. 그리고 눈을 뜨고 주위를 볼 수 있으면 얼마나 좋은 것인지 한번 더 느껴보는 것도 좋겠습니다.

눈을 가리고 있는 술래가 보물을 가지고 있어요.

빵빵빵! 총을 피해 보물을 가져가야 해요.

활동을 하고 나서 느낀 점도 이야기해 볼까요?

 세움

- 준비물: 의자 1, 안대, 배턴 1
- 공간 배치: 아이들의 책상과 의자를 최대한 앞으로 붙이고 넓은 활동 공간을 마련

 깨움

① 발목 돌리기, 무릎 굽혀 펴기, 허리 돌리기, 팔 돌리고 스트레칭, 목 운동
② 게임규칙을 설명하면서 간단한 시범을 보인다.
③ 좁은 공간에서 움직일 때 친구들과 부딪치지 않도록 조심한다.

 배움

① 술래 1명에 눈을 가리고 의자에 앉고 의자 밑에 보물(배턴)을 놓는다.
② 출발선에서 모둠별 1명씩(5~6모둠) 의자 밑에 보물을 차지하기 위해 살금살금 요리조리 접근한다.
③~⑤ 술래가 "멈춰"하면 친구들은 그 자리에 멈춰야 하고 술래는 손으로 친구들을 여기 저기 가리키면서 "빵" "빵" "빵"을 외친다. 이 때 가리키는 방향이 어느 정도 일치한다고 생각 되면 아웃되고 경기장 밖으로 나간다.
⑥ 경기를 계속 진행하다가 총을 피해 보물을 차지한 친구가 이기고 이긴 모둠에 1점을 준다. 점수 많은 모둠이 이기고 술래를 바꿔 진행해 본다.

바꿈

① 의자를 가운데에 놓고 술래를 제외한 모든 친구들이 사방에서 이동할 수 있다.

② 학생 수에 따라 총알의 개수를 다르게 할 수 있다.

 나눔

① 활동을 하고 느낀 점(어려웠던 점, 재미있었던 점 등)을 서로 이야기한다.

② 손목, 발목, 허리를 풀어주는 정리운동을 실시하고 교실을 정리한다.

28. 미로 탈출

어지럽게 갈래가 있어 한 번 들어가면 다시 빠져나오기 어려운 길을 '미로'라고 합니다. 일반적인 미로의 경우 한쪽 손을 벽에 붙이고 계속 걷다보면 중복 없이 미로의 전체를 다니게 되고 언젠가는 미로에서 탈출할 수 있습니다. 사용하는 팔에 따라 우수법 또는 좌수법이라고 합니다. 단 탈출 시간은 미로의 규모에 따라 많이 달라질 수 있습니다.

'미로 탈출' 놀이는 한명의 힘으로는 몇 걸음도 갈 수 없습니다. 상대편이 그린 미로의 패턴을 기억하고 그대로 한 발자국씩 움직여야 합니다. 어려운 시험을 통과하기 위해 필요한 것은 모두의 협력입니다. 이 놀이는 직접 상대와 몸을 부딪치거나 피해서 이기는 것이 아닙니다. 기회를 보고 머리로 생각하며 재빠르게 발을 옮기는 능력이 필요합니다. 서로의 호흡이 맞아야 합니다. 앞에서 이동하는 친구의 움직임을 잘 보고, 그 발자국도 기억해야 합니다. 상대편이 "땡"이라고 하면 그 자리는 다시 밟으면 안 됩니다. 역시나 상대편도 쉬운 것을 제시하지 않습니다. 핸드폰의 비밀패턴처럼 복잡하게 선을 그려놓고 쉽게 통과하지 못하게 합니다. 게임 중간에 "이게 뭐야. 못 하겠네"하는 혼잣말도 나오지만, 혼자 하는 것이 아니라 친구들과 함께 하기에 결국에는 다시 자리로 돌아옵니다.

시행착오를 거치면서 조금씩 맞아 가면 미로의 통로가 퍼즐의 조각이 맞춰진 것처럼 보이기 시작합니다. 그 순간 아이들의 몰입도는 최고로 올라옵니다. 이미 시간은 많이 지나갔습니다. 그래도 곧 통과할 수 있다는 기대감에 발걸음은 빨라집니다. 같은 편에서 계속해서 조언을 합니다. 이쪽 저쪽으로 길을 안내해줍니다. 목소리는 어느덧 하나가 되어 팀 중 누군가 탈출에 성공하게 되는 그 순간 이미 승리한 기분을 느낍니다. 누가 더 빨리하느냐는 사실 의미가 없습니다. 함께 해서 어떻게 성공하느냐가 관건입니다. 탈출이 어려울 정도로 복잡하게 하지 않는다면 누구나 끝까지 완주할 수 있고, 모두 한 곳을 바라보는 좋은 판이 연출됩니다.

출발선에서 도착선까지 "땡" 소리가 나지 않게 통과해야 해요.

모둠별로 가는 길을 잘 기억해서 성공해 봐요.

활동을 하고 나서 느낀 점도 이야기해 볼까요?

선의의 경쟁을! 아곤

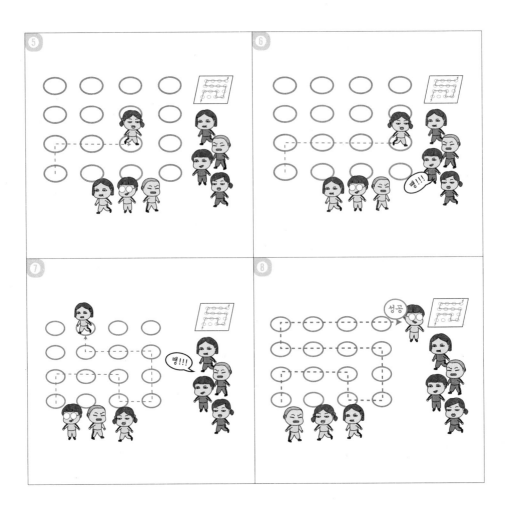

 세움

- 준비물: 원마커나 접시콘 16개 정도, 뿅망치
- 공간 배치: 책상을 이용하여 미로 모양으로 만든 후 본 활동 시 아이들의 책상과 의자를 최 대한 앞으로 붙이고 넓은 활동 공간을 마련

 깨움

① 발목 돌리기, 무릎 굽혀 펴기, 허리 돌리기, 팔 돌리고 스트레칭, 목 운동
② "친구야 어디가"
 – 책상 속에 의자를 집어 넣은 상태에서 미로 형태를 만들어 놓는다.

- 술래 1명을 정하고 뿅망치를 든다.
- 신호에 따라 친구들은 책상 미로를 따라 도망친다.
- 술래는 뛰지 않고 걸으면서 친구들을 잡으러 간다.
- 잡힌 친구는 경기장 밖으로 나가고 계속 활동을 진행한다.
- 술래를 바꿔가면서 활동한다.
③ 게임규칙을 설명하면서 간단한 시범을 보인다.

 배움

① 원마커나 접시콘을 4*4줄로 16개를 간격을 띄어 놓는다.
② 모둠끼리 모여 처음 출발 원마커와 마지막 원마커까지 걸을 수 있는 길을 서로 이야기하여 보드판에 표시한다.
③ ~ ⑦ 2모둠씩 시합을 하는데 1모둠의 첫 번째 친구가 출발 원마커에서 걷기 시작한다. 걷다가 다른 길을 밟으면 미로를 그린 모둠원들이 다같이 "땡" 소리를 내며 아웃되고 두 번째 친구가 출발한다.
⑧ 빠른 시간 안에 모둠원 중 1명이 끝까지 통과하면 이긴다(우리 모둠원들이 가는 길을 잘 기억해야 한다).

나눔

① 활동을 하고 느낀 점(어려웠던 점, 재미있었던 점 등)을 서로 이야기한다.
② 손목, 발목, 허리를 풀어주는 정리운동을 실시하고 교실을 정리한다.

29. 신호등 게임

눈이 보이지 않으면 온 신경은 소리에 집중합니다. 작은 소리에 귀 기울이면서 소리가 들리는 방향을 찾아갑니다. 눈을 가리는 전통놀이인 '까막잡기'는 소경이 되어 상대를 찾고 누군지 알아맞힙니다. 술래는 눈이 보이지 않지만, 손에 잡히는 누군가를 잡을 수 있고, 나머지는 그 손길을 피해야 합니다. 보이지 않는 술래를 약 올리기도 하고, 조용히 술래를 피해 달아나면서 놀이에 참여합니다. 자신을 잡으려는 손길이 확실한 것이 아니라 감에 의해 움직이는 것을 알면서 그 손길로부터 피하는 움직임은 스릴과 재미를 가져옵니다.

'신호등 게임'은 술래에게 특별한 능력을 부여합니다. 술래를 피해 도망가는 다른 이들을 멈추게 할 수도 있고, 소리도 내게 할 수 있습니다. 멈춰있는 상대를 다시 움직이게 하면서 속도를 조절할 수도 있습니다. 눈이 보이지 않지만 도망가는 이들은 술래의 요구에 따라 행동해야 합니다. 준비물이 없어도 되고, 놀이 방법이 쉽지만, 규칙을 잘 지켜야 합니다. 일부러 술래에게 잡히거나 술래의 말에 상관없이 자기 마음대로 행동하면 '신호등 게임'은 무질서한 움직임만 있게 됩니다. 우리가 신호등의 교통신호를 지켜야 안전하게 운전할 수 있듯이 놀이도 규칙을 지켜야 즐겁게 놀 수 있습니다. 몰래 움직이거나 소리를 내야할 때 시늉만 하는 경우도 있습니다. 함께 하는 놀이는 각자의 역할에 집중해야 전체가 재미있고 그러기 위해서는 놀이하는 힘을 길러야 합니다.

놀이하는 힘은 자주 놀고 스스로 놀아야 키울 수 있습니다. 선생님이 보니까 지켜야가 아니라 내가 규칙을 지켜야 우리 모두가 재미있다는 것을 알아야 합니다. 전체 속의 하나로 술래만 주인공이 아니라 모두 같은 놀이 참가자로 역할만 다를 뿐, 그 안에서 주어진 역할에 최선을 다해야 합니다. 여기서 최선이란 역할 안에서 규칙을 지키며 최대한 즐겁게 놀이를 즐기는 것입니다.

자동차가 신호등의 불빛에 따라 움직이듯이

'빨간불', '녹색불', '노란불'이라는 소리가 나면 그에 맞는 행동을 해야 해요.

술래를 피해 도망가 볼까요?

선의의 경쟁을! 아곤

 세움

- 준비물: 안대
- 배치: 아이들의 책상과 의자를 최대한 앞으로 붙이고 넓은 활동 공간을 마련

깨움

① 발목 돌리기, 무릎 굽혀 펴기, 허리 돌리기, 팔 돌리고 스트레칭, 목 운동

② 2명이 짝이 되어 1명은 안대를 쓰고 1명은 안대 쓴 친구의 손을 잡고 교실을 1바퀴 돌아본다. 역할을 바꿔서 활동을 해 본다.

③ 게임규칙을 설명하면서 간단한 시범을 보인다.

④ 술래가 움직이면서 교실의 사물함, 책상등에 부딪치지 않도록 교사가 도움을 준다.

배움

① 술래를 정한다(교실 상황에 따라 남녀로 나누어 구경하는 팀은 위험한 곳에 배치하여 술래가 부딪치지 않도록 도와줄 수도 있다).

　술래는 안대로 눈을 가린다.

② 다른 친구들은 술래를 피해 도망간다.

③ ～ ⑦ 술래는 도망가는 친구들을 잡으러 가면서 다음과 같은 말을 외친다. 친구들은 외치는 말에 따라 행동을 해야 한다.

> ▶ 빨간불: 제자리에 멈춘다.(몸은 움직여서 피할 수 있으나 발을 떼면 안된다.)
> ▶ 녹색불: 자유롭게 돌아다닌다.
> ▶ 노란불: 박수를 친다.
> ▶ 빨간불, 노란불: 제자리에 멈춘 상태에서 박수를 친다.
> ▶ 녹색불, 노란불: 돌아다니면서 박수를 친다.

④ 술래가 말을 하다가 친구를 잡으면 잡힌 친구가 술래가 되어 진행된다.

 바꿈

① 술래가 친구를 잡고 나서 머리, 어깨, 팔 등을 만져보고 누구인지 맞혀보게 한다.(이때 신체의 민감한 부분을 만지지 않도록 교사가 손으로 도와준다.)

② 술래의 수를 2명으로 하여 활동해 본다.

 나눔

① 활동을 하고 느낀 점을 서로 이야기한다.

② 다른 규칙을 넣을 수 있는지 이야기한다.(예-파란불: 앉아서 돌아다니기)

③ 손목, 발목, 허리를 풀어주는 정리운동을 실시하고 교실을 정리한다.

30. 나는 한 발 너는 두 발

놀이에 따라 시작과 정리에 시간이 걸리는 경우가 있습니다. 특정한 상황을 설정하거나 편을 나누는 등 놀이를 시작하면서 맞춰야할 조건들이 있고, 이런 경우 놀이에 들어가기까지 충분한 시간과 분위기 조성이 필요합니다. 승부를 내는 놀이 중 어렵게 우리 차례가 되었는데 "이제 그만 끝내자. 정리하자"라고 말하는 것이 쉽지 않은 경우도 있습니다.

놀 시간이 부족하거나 분위기를 만들기 힘든 어려운 조건일수록 시작과 끝이 쉽고 깔끔한 놀이를 하게 됩니다. 놀이 방식이 쉬우면서 결과가 빠르게 나는 술래잡기, 공기놀이 등이 그런 놀이입니다.

'나는 한 발 너는 두 발'은 상대편을 잡는 놀이입니다. 별다른 준비 없이 출발선만 있으면 어디서 쉽게 할 수 있고, 시작과 끝도 간단합니다.

술래의 "두 발"이라는 외침에 아이들은 두발 크게 움직이면 됩니다. 다음 차례의 술래가 올 것을 대비하여 가능한 출발선에서 멀리 뛰어야 합니다. 친구들의 이동이 끝나면 술래는 크게 한발 내딛어 가까이 있는 사람을 잡을 수 있습니다.

요즘 아이들은 노는 시간이 부족하고 함께 놀 친구와 놀 기회도 적어 놀이를 하는 방법이나 마음가짐이 옛날과 다릅니다. 너그러이 이해하는 것도 필요하고 힘들어도 끝까지 하는 것이 필요한데 그렇게 하지 못한 경우가 많습니다.

'나는 한 발 너는 두 발'처럼 간단한 활동은 놀이에 익숙하게 해줍니다. 친구들이 하는 것을 보면서 어떻게 해야 하는지 볼 수 있고 술래가 되어도 힘들지 않기에 모두 돌아가며 활동할 수 있습니다. 한 번 뛰면서 주변의 친구들과 술래를 살펴보며 이동해야 하기에 자연스레 주변을 살펴보게 됩니다. 뛰고 나서 술래를 향한 긴장을 놓을 수 없고, 다른 곳을 향한 술래를 보면서 살았다는 안도감도 듭니다. 이렇듯 몇 번 반복해서 술래에게서 벗어나면서 느끼는 작은 성취감은 스스로에게 주는 보상이 되어 놀이 속으로 한 발 더 들어가게 합니다.

술래인 나는 한 발!

친구들은 두 발을 움직이며 술래를 피해야 해요.

술래를 피해 교실 곳곳을 돌아다녀봐요.

* '멀리뛰기'를 하고나서 이 활동을 하면 좋아요.

세움

- 준비물: 출발선
- 공배치: 아이들의 의자를 책상 속에 넣고 교실 공간을 그대로 유지

깨움

① 발목 돌리기, 무릎 굽혀 펴기, 허리 돌리기, 팔 돌리고 스트레칭, 목 운동
② '멀리뛰기'
- 출발선에서 제자리멀리뛰기를 해 본다.(한 발로 뛰기, 두 발로 뛰기)
- 도움닫기하여 멀리뛰기를 해 본다.(한 발로 뛰기, 두 발로 뛰기)
- 선생님의 신호(한 발, 두 발, 세 발 등)에 따라 멀리뛰기를 해 본다.
③ 게임규칙을 설명하면서 간단한 시범을 보인다.
④ 한 발로, 두 발로 뛸 때 도움닫기를 하면 안 된다.
⑤ 술래가 손으로 아웃시키려고 할 때 두 발로 떼어 움직이면 안 된다.
⑥ 움직일 때 책상과 의자에 부딪치지 않도록 조심한다.

배움

① 술래를 1명 정한다.(가위바위보, 원하는 친구 등)
② 출발선에서 술래가 "두 발"이라고 외치면 친구들은 두 발 뛰어 나간다. 이 때 교실 어느 곳
이든지 도망가고 싶은 곳으로 가면 된다.

③~④ 친구들이 다 이동하면 술래를 친구들을 향해 "한 발" 뛰어 나간다. 술래의 손에 닿는 친구는 아웃된다.

⑤ 끝까지 술래의 손에 닿지 않는 친구는 술래가 되어 활동을 계속한다.

바꿈

① 술래를 두 명으로 하여 진행할 수 있다.

② 손 대신 풍선을 크게 불어 풍선에 닿는 친구는 아웃되게 할 수 있다.

③~④ 한 발, 두 발이 아닌 한 발, 세 발 또는 두 발, 세 발로도 가능하다.

⑤ 교사가 호루라기를 한 번 불 때 술래와 친구들이 '한발'만 움직이고 술래에게 터치 당한 친구는 아웃이 된다.

나눔

① 활동을 하고 규칙을 바꾸거나 느낀 점을 서로 이야기한다.

② 손목, 발목, 허리를 풀어주는 정리운동을 실시하고 교실을 정리한다.

31. 다양한 이어달리기

"아이들은 뛰는 것이 정상이야. 가만히 있으면 아픈 경우야"라는 말을 종종 듣습니다. 아이들은 뛰어 놀아야 합니다.

"아이가 잘 노나요?" 라고 어르신들이 임산부에게 물어봅니다. 산모 역시 아이가 잘 노는지, 태동이 어떤지에 대해 항상 신경을 씁니다. 여기서 '논다'라는 말은 '건강하다' 라는 것을 의미합니다.

잘 노는 것은 시간을 헛되이 보내는 것이 아닙니다.

몸을 골고루 발달하게 하고, 느끼고 깨닫는 힘을 길러주고, 능동성과 창의성을 키워 줍니다. 친구와 함께 함으로 나와 다른 이들을 보다 이해하고 받아들이게 됩니다. 규칙 준수를 통해 약속 지키기나 상대 배려하기, 사회성 등을 길러줍니다. "어릴 때 잘 뛰는 아이들이 건강하게 자라더라"라는 말도 있습니다.

놀이는 건강한 몸과 마음을 갖게 합니다. 건강한 몸과 마음은 인간다운 삶을 살게 하고 이는 행복한 삶의 기본 바탕이 됩니다. 놀이를 통한 배움이 삶의 여러 영역에서 영향을 줍니다.

달리기는 몸으로 하는 가장 기본적인 활동입니다. 이어달리기는 나 혼자가 아닌 '함께' 라는 말이 강조되는 활동입니다. 아이들은 이어달리기의 스릴을 좋아합니다. 배턴을 주고 이어가며 달리는 활동만으로도 즐겁게 참여합니다.

넓은 공간이 아닌 교실에서도 이러한 재미를 느낄 수 있습니다. 함께 협력하고 전력을 다해야하는 점은 같습니다. 단 조금 더 아기자기하고 세심한 주의가 필요합니다.

아이들의 달리고 싶은 욕구를 충족하면서 재미를 함께 주며 팀별 호흡이 중요하기에 협동심도 기를 수 있습니다. 넓은 공간이 아니더라도 친구와 하나되어 움직이면서 즐거움을 함께 나누는 이 놀이는 강당이나 운동장으로 공간을 확장할 수 있습니다. 간단한 놀이와 함께 달려보는 것이 어떤가요?

이어달리기를 교실에서 해보아요.

A4 용지, 탁구공, 젓가락, 우유갑 쌓기 이어달리기를

하면서 땀을 흘러 볼까요?

선의의 경쟁을! 아곤

- 준비물: 출발선, 고깔콘 2개, 책상 2개
- 공간 배치: 아이들의 책상과 의자를 최대한 앞으로 붙이고 넓은 활동 공간을 마련

 깨움

① 발목 돌리기, 무릎 굽혀 펴기, 허리 돌리기, 팔 돌리고 스트레칭, 목 운동

② '외발뛰기 이어달리기'

    – 2팀으로 나눈다.

    – 5m 정도 앞에 고깔콘을 놓는다.

    – 앙감질(한 발은 들고 한 발로만 뛰는 것)로 이어달리기를 해 본다.

③ 게임규칙을 설명하면서 간단한 시범을 보인다.

④ 다음 친구와 터치를 할 때 출발선에서 해야 한다.

⑤ 달리기를 할 때 친구들과 부딪치지 않도록 조심한다.

 배움

① "A4 용지 이어달리기"

    – 손바닥을 앞을 향해 세워 A4 용지를 대고 달린다. 5m 앞에 있는 고깔콘을 돌아 다음 친구에게 전달한다.

② "탁구공 이어달리기"

    – 숟가락에 탁구공을 올리고 달린다. 5m 앞에 있는 고깔콘을 돌아 다음 친구에게 전달한다.

③ "젓가락 이어달리기"

- 2명이 한 조가 되어 마주 본 상태에서 검지 손가락을 이용하여 젓가락의 양 끝을 잡고 이어 달린다. 5m앞에 있는 고깔콘을 돌아 다음 친구들에게 전달한다.
④ "우유갑 쌓기 이어달리기"
- 5m 앞에 있는 책상위에 우유갑을 쌓고 돌아오면 다음 친구는 그 위에 쌓는다. 쓰러지면 쓰러뜨린 사람이 다시 쌓고 온다.

바꿈

① 탁구공 이어달리기에서 숟가락 대신 젓가락을 사용할 수 있다.
② 젓가락 이어달리기에서 1명씩 젓가락을 손바닥에 세워 이어달리기 할 수 있다.

나눔

① 활동을 하고 규칙을 바꾸거나 느낀 점을 서로 이야기한다.
② 손목, 발목, 허리를 풀어주는 정리운동을 실시하고 교실을 정리한다.

32. 고양이와 쥐

우리나라 전통놀이가 기록된 『조선의 향토오락』을 보면 놀이에 닭을 잡으려는 동물이 다양하게 등장합니다. 경기도 지역은 쥐, 충청북도 지역은 솔개, 경상북도는 족제비, 경상남도는 고양이, 강원도는 매 등의 동물이 등장합니다. 모두 울타리를 만들고 닭을 잡으려는 동물들로부터 닭을 피하게 하는 놀이입니다.

전통놀이에는 닭을 잡아야 하는 여러 이유를 앞세우기도 합니다. 경기도 광주지역의 놀이에서는 너구리가 닭을 잡으려고 하면서 서로 말을 주고받습니다. 너구리가 닭에게 달걀을 달라고 조르면 닭은 핑계를 대면서 못 주겠다고 약을 올리는 형식입니다. 너구리가 "닭아 달걀 1개만 주라"하면 닭은 "울타리를 세워줘", "달걀이 상했어" 등과 같은 이야기를 하고, 결국 화가 난 너구리가 닭을 잡으려 들어오고 울타리를 친 아이들은 못 들어오게 막으면서 놀이가 진행됩니다.

옛날에는 이러한 문답을 하면서 말을 주고받는 형태의 놀이가 많았는데, 요즘은 그런 놀이가 많지 않습니다.

'고양이와 쥐' 게임을 하다보면 자연스레 이야기들이 흘러나옵니다. 쥐를 잡기 위해 들어오는 고양이를 막기 위해 울타리들이 힘을 합칩니다. "야 거기 막아", "그쪽으로 들어오려고 해. 어서~"와 같이 서로의 이야기를 하면서 공동의 적이 되는 고양이를 막으려고 합니다.

고양이가 안으로 들어가거나 밖으로 나오려다 보면 몸싸움이 나면서 안전사고가 일어날 수 있습니다. 고양이가 한 곳으로만 들어가려다 보면 이런 일이 일어납니다. 따라서 안 되면 여러 곳, 울타리가 덜 단단한 곳을 찾아 들어가도록 해야 합니다. 그러기 위해선 고양이와 쥐 모두가 바쁘게 움직여야 하고 울타리 역할의 친구들도 하나가 되어 게임에 참여하게 되며 그러한 과정을 통해 즐거움이 더해집니다.

고양이는 쥐를 잡으려고 쫓고 쥐는 고양이를 피해요.

울타리가 되는 친구들은 쥐를 도와주어요.

서로 역할을 바꿔가면서 즐겁게 뛰어 볼까요?

 세움

- 준비물: 준비물 없음
- 공간 배치: 아이들의 책상과 의자를 최대한 앞으로 붙이고 넓은 활동 공간을 마련

 깨움

① 발목 돌리기, 무릎 굽혀 펴기, 허리 돌리기, 팔 돌리고 스트레칭, 목 운동
② '두더지 잡기'
 - 5명이 한 조가 되어 원 대형으로 앉고 그 중 1명은 가운데에 서 있는다.
 - 잡을 아이와 도망갈 아이를 1명 뽑는다.
 - 신호에 따라 도망갈 아이는 잡을 아이를 피해 도망가다가 원에 서 있는 친구한테 간다.
  이 때 서 있는 친구는 도망가고 도망간 친구를 잡아야 한다.
 - 술래를 바꿔 가면서 활동을 해 본다.
③ 게임규칙을 설명하면서 간단한 시범을 보인다.
④ 몸을 세게 부딪치며 울타리를 뚫고 들어가지 않도록 한다.
⑤ 울타리를 만든 친구들은 고양이를 발로 치지 않도록 하고 넘어갈 때 손을 갑자기 높게 올리
 지 않도록 한다.
⑥ 달리기를 할 때 친구들과 책상에 부딪치지 않도록 조심한다.

배움

① 가위바위보를 통해 고양이와 쥐를 뽑는다.

② 나머지 친구들은 손에 손을 잡고 동그랗게 울타리를 만든다. 쥐는 울타리 안에 있다.

③ ∼ ⑤ 신호에 따라 고양이는 쥐를 잡으려고 쫓는다. 울타리를 만든 친구들은 쥐의 편이 되어 고양이가 울타리 안에 오려고 하면 못 들어오게 막고, 만약 울타리를 뚫고 들어오면 재빨리 손을 들어 쥐를 내보낸다.

⑥ 고양이가 쥐를 잡을 때까지 계속하고 쥐가 잡히면 역할을 바꿔서 활동을 계속한다.

 바꿈

① 가위바위보를 하여 이긴 아이는 고양이, 진 아이는 쥐라고 먼저 순서를 정해 놓아도 좋다.

② '고양이, 쥐가 바뀌어요'

    – 의자에 앉은 상태로 원을 만들고 고양이와 쥐를 정한다.

    – 고양이를 피해 다니다가 의자에 앉아 있는 친구를 터치를 하면 그 친구가 고양이가 되고 처음에 고양이인 친구는 쥐가 되어 피해야 한다.

 나눔

① 활동을 하고 규칙을 바꾸거나 느낀 점을 서로 이야기한다.

② 손목, 발목, 허리를 풀어주는 정리운동을 실시하고 교실을 정리한다.

33. 쳐라! 지켜라!

몸과 몸이 맞닿으면 서로를 느끼는 순간이 있습니다. 나 말고 다른 이가 있다는 것을 실제로 느끼기 위해서는 머릿속의 생각만으로 그치는 것이 아니라 직접 몸으로 부딪쳐 보면 알게 됩니다. 자기중심적인 모습에서 벗어나 주변의 다른 이들을 이해하기 위해서는 나와 다른 사람, 여러 사람과 내가 함께 체험하는 것이 좋습니다.

이 활동을 하면 교실이 시끌시끌해집니다. 한손에는 넓적한 플라잉디스크를 올리고 다른 손으로는 주변을 살펴보면서 다른 이의 플라잉디스크를 떨어뜨려야 합니다. 순간적인 동작에 내 것을 지키고 남의 것은 떨어뜨려야 합니다.

쉽게 떨어지지 않는 것이라면 하다가 다투기도 하고 더 잡으려고 할 것입니다만 이 놀이는 작은 변수에도 쉽게 떨어지는 플라잉디스크로 인해 순식간에 결정이 나버립니다.

"와~", "조심해", "여기 봐라"라는 소리가 곳곳에서 들립니다. 자세를 낮추면서 움직이는 아이들의 모습이 활기가 있습니다. 가끔 가다가 잘못하여 넘어지기도 하고 여러 명이 함께 뒤엉켜버리기도 합니다. 교실이라는 공간이기에 빠른 속도나 큰 동작이 일어나진 않습니다. 안전에 큰 문제가 없다면 그러한 상황도 그냥 즐기라고 해도 괜찮다고 생각합니다.

아이들의 움직임은 생각이상으로 재밌습니다. 교사가 보면서 "그렇지. 그렇게 몸을 낮춰야지", "아~ 아쉽구나!" 등과 같은 이야기를 해주면 더욱 신나합니다. 경우에 따라선 편이 갈라지기도 합니다. 게임을 하다가 나름의 규칙이 생기고 요령이 생기기도 합니다.

나의 움직임과 상대의 움직임을 함께 생각하면서 움직이다 보면 주위를 더욱 살펴보게 됩니다. 아이들의 즐거움을 옆에서 독려하되 최대한 정당한 게임이 이뤄지도록 교사가 중간 중간에 한마디를 더해주세요.

내 플라잉디스크를 지키면서 상대방 플라잉디스크를 떨어뜨려야 해요.

움직이면서 내 것이 떨어지면 안 돼요.

정신없이 움직이면서 활동을 해 볼까요?

선의의 경쟁을! 아곤

세움

- 준비물: 아이들 수 만큼의 플라잉디스크
- 공간 배치: 아이들의 책상과 의자를 최대한 앞으로 붙이고 넓은 활동 공간을 마련

깨움

① 발목 돌리기, 무릎 굽혀 펴기, 허리 돌리기, 팔 돌리고 스트레칭, 목 운동
② '창과 방패'
  - 팀이 없이 개인전이다.
  - 왼 손을 손바닥이 앞을 보게 등 뒤에 대고 오른손은 검지를 세운다.
  - 신호에 따라 친구들을 향해 검지를 상대방의 손바닥에 닿게 움직인다.
  - 손바닥이 닿은 친구는 경기장 밖으로 나가고 최후의 1인이 나올 때까지 활동을 해 본다.
③ 게임규칙을 설명하면서 간단한 시범을 보인다.
④ 움직일 때 친구들과 책상에 부딪치지 않도록 조심한다.
⑤ 플라잉디스크를 떨어뜨릴 때 너무 세게 치지 않도록 한다.

배움

① 개인전이다. 적당한 거리를 두고 떨어져 있는 상태에서 손바닥 위에 플라잉디스크를 올려 놓는다.
② 신호에 따라 움직이면서 상대방의 플라잉디스크를 떨어뜨린다.
③ 플라잉디스크가 떨어지면 경기장 밖으로 나간다.
④ 움직이다가 플라잉디스크가 떨어져도 경기장 밖으로 나간다. 최후의 1인이 남을 때까지 활동을 해 본다.

바꿈

① 플라잉디스크 대신 책이나 원마커를 이용해도 된다.
② 교실 상황에 따라 개인전을 하지 않고 팀별로 또는 모둠별로 해도 된다.

나눔

① 활동을 하고 규칙을 바꾸거나 느낀 점을 서로 이야기한다.
② 손목, 발목, 허리를 풀어주는 정리운동을 실시하고 교실을 정리한다.

34. 접시콘 세상

접시 모양으로 운동장이나 강당에 있으면 존재만으로 시선을 끄는 '접시콘'은 체육시간에 다양하게 사용하는 보조도구입니다. 상당히 유용한 도구로 사용자에 따라 활용범위를 몇 가지 정리하면 다음과 같습니다.

먼저 가장 많이 사용하는 체력단련용입니다. 축구 국가대표선수들의 훈련 모습을 보면 접시콘을 일렬로 세워놓고 스텝을 밟아 뛰는 것을 봤을 겁니다. 학교에서도 가볍게 뛰기, 사이드스텝으로 뛰기, 한발로 뛰기 등 기초 체력 키우기 및 준비 운동용으로 사용할 수 있습니다.

두 번째로 표시용입니다. 강당이나 운동장에서 게임을 위한 구역을 표시하기 위해 경기장 중간이나 모서리에 접시콘을 놓아 사용할 수 있습니다. 운동장에서 이어달리기를 할 때, 코너를 도는 선을 따라 놓으면 눈에 잘 보여 실수로 안쪽으로 뛰지 않게 할 수 있습니다. 또한 개인이나 모둠의 위치를 표시할 때도 유용하게 사용할 수 있습니다.

세 번째로 게임용입니다. 유아부터 청소년, 성인에 이르기까지 다양한 게임에서 교구나 보조도구로 사용이 가능합니다.

'접시콘 세상' 활동은 접시콘을 사용한 다양한 놀이 방법을 제시합니다. 접시콘만 있으면 학생들과 체육시간 내내 즐겁고 활동적으로 움직일 수 있습니다. 접시콘 뒤집기는 모두가 하나 되어 움직이게 합니다. 모두 함께 손발을 움직이면서 시선은 다른 곳을 확인하고, 목소리까지 모아야 합니다. 콩주머니 넣기와 접시콘 옮기기, 공넣기 활동은 팀 친구들과 함께 움직이는 릴레이 경기입니다. 개인의 집중력과 팀의 협동심이 하나로 모여야 승리할 수 있습니다. 일정한 조건들이 있으며 이를 수행하고 자기편과 교체하는 터치까지 온전히 이뤄져야 다음 친구에게 기회가 갑니다. 접시콘은 작은 도구지만 사용 방법에 따라 여러 즐거움을 만들어 낼 수 있습니다. 어떻게 사용할지는 온전히 교사의 몫입니다.

체육 시간에 유용할 수 쓸 수 있는 접시콘.

접시콘으로 다양한 활동을 해 봐요.

접시콘 뒤집기, 콩주머니 넣기, 옮기기, 공 넣기 등을 하면서 땀을 흘려볼까요?

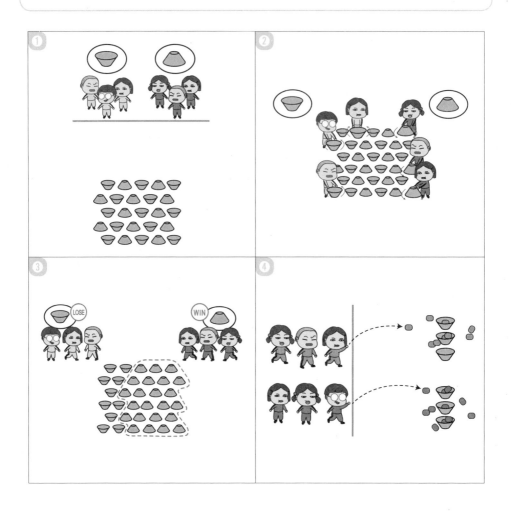

선의의 경쟁을! 아곤

세움

- 준비물: 출발선, 색깔이 다른 접시콘 여러 개, 공 8개, 콩주머니
- 공간 배치: 아이들의 책상과 의자를 최대한 앞으로 붙이고 넓은 활동 공간을 마련

 깨움

① 발목 돌리기, 무릎 굽혀 펴기, 허리 돌리기, 팔 돌리고 스트레칭, 목 운동
② 게임규칙을 설명하면서 간단한 시범을 보인다.
③ 움직일 때 친구들과 책상에 부딪치지 않도록 조심한다.
④ 접시콘 뒤집기할 때 접시콘을 잡고 있으면 안 된다.

배움

① "접시콘 뒤집기"
 - 2팀으로 나누어 1팀은 접시콘 조그만 구멍이 위쪽 가게 하고 다른 팀은 아래쪽(그릇 모양)으로 정한다.
 - 시간 안에 자기가 정한 모양으로 많이 뒤집는 팀이 이긴다.
② "접시콘 안에 콩주머니 넣기"
 - 2팀으로 나누어 접시콘을 뒤집은 상태로 콩주머니를 많이 넣는 팀이 이기게 한다.
③ '접시콘 옮기기'
 - 2팀으로 나눈다.
 - 각 팀별로 출발선에 초록색 접시콘, 도착선에 주황색 접시콘을 둔다.
 - 출발선에서 신호에 따라 달려서 도착선의 주황색을 초록색으로 바꿔준 후 다음 친구 터치한다.
 - 다음 친구는 접시콘(초록색에서 주황색)의 색을 바꿔준다.
④ '접시콘에 공을'
 - 2팀으로 나눈다.
 - 각 팀별로 1m 간격으로 접시콘을 4개씩 놓는다.
 - 팀별 첫 번째 아이가 공을 들고 처음 접시콘에 놓고 온 후 다음 사람에 터치한다.
 - 두번째 아이는 두 번째 접시콘에…… 네 번째까지 놓는다.
 - 다섯번째 아이는 첫 번째 접시콘을 가지고 온다. 네 번째 접시콘까지 가지고 온 팀이 이긴다.

바꿈

① 접시콘 뒤집기 시 색깔을 달리하여 색깔별로 뒤집게 할 수 있다.

② 접시콘 안에 콩주머니 넣기 시 접시콘을 거리마다 다르게 놓고 할 수 있다.

나눔

① 활동을 하고 규칙을 바꾸거나 느낀 점을 서로 이야기한다.

② 손목, 발목, 허리를 풀어주는 정리운동을 실시하고 교실을 정리한다.

35. 교실 축구

축구는 명실상부한 최고의 인기스포츠입니다. 전 세계 최고의 보급률을 자랑하고 인지도에서도 따라올 종목이 없습니다. 공 하나와 공이 굴러다니는 바닥만 있으면 되기에 장비가 필요한 다른 생활스포츠보다 접근성이 좋기도 합니다.

실제 학교 운동장에서 가장 많은 공간을 축구가 차지하고 쉬는 시간과 점심시간에도 축구하는 모습을 자주 볼 수 있습니다.

'공은 둥글다'는 말은 축구가 가진 의외성을 의미합니다. 누가 이길지 모르는 의외성이 매우 높습니다. 객관적으로 전력이 강한 팀이 골을 못 넣고, 약팀에게 골을 허용하면서 지는 경우가 종종 있습니다. 점수를 매어 승부를 정하는 점수제 스포츠에서 가장 득점 내는 것이 어렵기에 볼 점유율이 높더라도 결국 골을 넣는 팀이 승리하게 됩니다.

축구는 총 22명의 선수들이 동시에 움직이고 전술에 맞춰 유기적으로 움직입니다. 공격과 수비를 반복하면서 상대의 빈틈을 찾고 움직임을 차단하면서 골대를 두드립니다. 한명 한명의 선수들이 중요한 역할을 하고 그라운드를 90분 내내 쉬지 않고 뜁니다. 축구경기는 하는 것도 재밌지만, 보면서 응원하는 것도 큰 즐거움입니다.

'교실 축구'는 운동장에서 하는 보통의 축구보다 역동성은 작습니다. 그렇지만 발을 사용해 패스하면서 골대를 향해 공을 보내어 골을 넣는 기본 원리는 같습니다. 함께 협동해야 하고 어쩌다 공을 놓치면 실점으로 연결되기도 합니다. 발만 쓰는 게 어색할 수 있습니다. 직립보행으로 얻어진 최고의 도구인 손을 사용할 수 있지만, 축구에서는 이를 포기하고 발만 사용해야 합니다. 더구나 앉아서 플레이하니 슛의 정확성이 떨어지고 패스 연결도 안되어 답답하기까지 합니다. 이러한 불편함이 있지만 공은 둥글어 골대로 들어가고 승부를 결정됩니다. 실수연발의 축구지만 한골의 무게는 같습니다. 경기는 진지해지고 재미는 더해집니다.

교실에서 축구를 할 수 있을까요?

가능해요. 의자에 앉아서 하면 돼요.

엉덩이를 뗄 수가 없어서 답답하지만 엄청 표정이 진지하고 신나하네요.

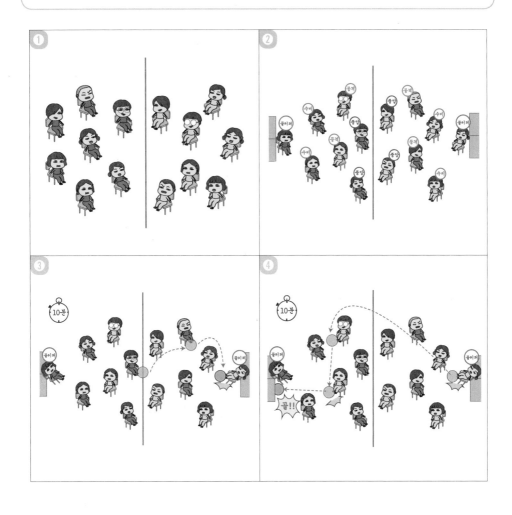

세움

- 준비물: 아이들 수만큼 의자, 팀조끼, 피구공 1~2개 , 책상 4개
- 공간 배치: 아이들의 책상을 최대한 앞으로 붙이고 넓은 활동 공간을 마련하거나 복도에 놓기

 깨움

① 발목 돌리기, 무릎 굽혀 펴기, 허리 돌리기, 팔 돌리고 스트레칭, 목 운동
② 게임규칙을 설명하면서 간단한 시범을 보인다.
③ 너무 세게 공을 차지 않도록 한다.
④ 의자는 고정하고 엉덩이를 떼지 않고 몸만 움직일 수 있도록 한다.

 배움

① 2팀으로 나누고 공격-중앙-수비를 적당히 나눠 의자에 앉는다.
② 책상 2개를 붙이고 가운데 의자에 골키퍼가 앉는다. 골키퍼도 발만 사용한다.
③ 축구공이 발에 닿지 않을 경우 공에 가까운 팀에 공을 준다.
④ 정해진 시간 동안 골을 많이 넣는 팀이 이긴다.

 바꿈

① 상황에 따라 공을 2개로 해도 좋다.
② 의자 자체를 회전할 수 있도록 규칙을 바꿔도 좋다.

 나눔

① 활동을 하고 규칙을 바꾸거나 느낀 점을 서로 이야기한다.
② 손목, 발목, 허리를 풀어주는 정리운동을 실시하고 교실을 정리한다.

36. 숫자를 맞춰라

놀이를 위해 카드를 활용하는 것은 우리나라뿐만 아니라 다른 나라에도 많이 있습니다. 나라마다 다양한 놀이카드가 있습니다. 가지고 노는 것도 있고, 예쁘게 만들어 소장용으로 제작된 것도 있습니다.

'숫자를 맞춰라'는 숫자카드를 만들어 등에 붙입니다. 문제는 '나는 내 번호를 모른다는 것'입니다. 친구가 말해줘야 알고, 이를 다른 친구와 함께 선생님의 요구에 맞는 조합이 되도록 움직여야 한다는 것입니다.

정신을 똑바로 차리고 참여해야 합니다. 주변 친구들의 등에 붙은 숫자도 기억하는 것이 좋습니다. 미하이 칙센트미하이는 "인간의 지능에서 먼 옛날부터 가장 중시했던 정신적 재능은 기억력이다."라고 하였습니다. 물론 모든 수를 아는 것은 어렵습니다. 바로 앞에서 본 숫자인데, 섞여지면서 헷갈립니다. 그렇기에 주변을 살펴보면서 내 숫자와 다른 친구의 숫자를 생각하면서 부지런히 움직여야 합니다.

친구의 등에 있는 숫자를 이야기하면서 내 것과 맞춰봐야 하고, 조건에 맞는 것을 찾아야 합니다. 진행자는 게임을 반복하면서 너무 어렵지도 쉽지도 않은 적당한 긴장을 유지할 수 있는 수준을 찾아 진행해야 합니다. 쉬운 연결 수부터 덧셈과 뺄셈 등 다양하게 조건을 제시하고, 참여하는 사람의 수도 조정할 수 있습니다.

교실 체육은 혼자 하는 활동보다 친구와 협동하여 활동하는 것이 많습니다. 친구와 협력해야 미션을 수행할 수 있기에 소통하면서 진행해야 합니다. 그렇기에 평소 누군가와 더 친하고 덜 친한지의 개인적인 성향은 고려되지 않습니다. 모두 함께 참여하고 친구와의 거리도 더 가까워지는 계기가 됩니다.

나의 등에 숫자가 있어요.

직접 볼 수 없어 눈치로 자기의 번호를 친구들과 협력하여 숫자를 맞춰봐요.

빨리 된 팀은 "성공"이라고 크게 외치고 앉아요.

 세움

- 준비물: 숫자가 써진 8칸 라벨지
- 공간배치: 아이들의 책상과 의자를 최대한 앞으로 붙이고 넓은 활동 공간을 마련

깨움

① 발목 돌리기, 무릎 굽혀 펴기, 허리 돌리기, 팔 돌리고 스트레칭, 목 운동

② 게임규칙을 설명하면서 간단한 시범을 보인다.

③ 너무 크게 소리를 지르지 않고 이동하면서 친구들과 책상에 부딪치지 않도록 조심한다.

배움

① 학생들 숫자에 맞춰 8칸 라벨지에 번호를 쓴다.(학생수가 20명일 때는 1~20)

② 자신의 번호를 모르게 등에 붙인다.

　(라벨지가 없을 때는 종이에 적고 테이프를 이용한다.)

③~⑥ 적당한 간격을 두고 돌아다니다가 교사가 적당한 명령을 내린다.

　(연속된 숫자 2명, 빼서 4 등)

　※ 더하여 9와 같은 명령은 두 자리 숫자를 가진 친구는 뒤에 숫자를 이용하게 한다.

⑦ 명령에 맞는 친구와 함께 성공하면 "성공"이라고 하고 같이 자리에 앉는다.

 바꿈

① "연속된 숫자 5~6명 모아라" 같은 명령을 내릴 수 있다.

② 숫자를 학생 수에 따라 적지 않고 1~7까지 중복하여 적을 수 있다. 그래서 같은 숫자 찾기를 할 수 있다.

 나눔

① 활동을 하고 규칙을 바꾸거나 느낀 점을 서로 이야기한다.

② 손목, 발목, 허리를 풀어주는 정리운동을 실시하고 교실을 정리한다.

3. 행운에 기대며! 알레아

37. 업, 다운, 가위바위보

사람은 다른 누군가에게 인정받고 싶은 마음이 있습니다. 어린 아이들도 친구나 선생님의 관심과 인정을 받고 싶어 합니다. 선생님의 칭찬 한마디, 엄지손가락을 올려주는 동작 하나가 아이에겐 큰 기쁨이 됩니다. 놀이 속에서 자신이 잘하거나 경쟁에서 이기게 되면 어깨가 펴지고 얼굴에 미소가 생기는 것은 어른과 아이 모두 같습니다.

놀이 속에는 다른 사람에게 자신의 승리를 자랑할 수 있는 기회가 있습니다. 특히 가위바위보 같은 놀이는 공부를 잘하거나 운동신경이 좋거나 하는 것과는 상관없이 누구든 이기고 질 수 있기에 더 매력이 있습니다.

'업, 다운, 가위바위보'는 교실현장에서 여러 가지 형태로 진행되는 활동입니다. 많은 선생님들이 다양하게 응용하는 놀이입니다. 별도의 준비물 없이 일정한 공간만 있으면 됩니다. 필요에 따라 다양한 캐릭터를 넣어서 대상을 바꿀 수도 있습니다. 저학년의 경우 4단계 정도로 제시해주면 충분합니다. 고학년의 경우엔 다른 등급을 더 넣을 수 있습니다. 예를 들어 미생물부터 시작해서 동물과 인간을 거쳐 천사까지 가위바위보를 통해 급이 올라가게 하고, 결국 악의 중심으로 분장한 담임교사와 대결을 하도록 유도할 수 있습니다. 대단한 것이 없어도 교실은 큰 목소리들이 들립니다. 승리와 패배의 순간의 탄식들이 교실 곳곳에서 울리는 것입니다. 이 놀이의 묘미는 승리했을 때의 '으쓱거림'입니다. 승부의 결과도 바로 나오기에 반응도 빨라집니다.

평소에는 잘한다고 자랑하면 눈치를 볼 수도 있지만 이 놀이는 그렇게 하지 않아도 됩니다. 이기는 순간 다른 존재가 되어 다른 이들의 부러움을 받습니다. 그렇다고 영원한 승자는 없습니다. 내가 이겨서 급이 올라갔는데, 순간의 패배로 밑바닥부터 시작하게 되면 자랑했던 내 자신이 민망해지기도 합니다.

승리의 기쁨이 있지만 패배의 아쉬움도 함께 하게 됩니다. '역지사지'의 마음을 여러 번 경험할 수 있는 단순하면서 의미 있는 놀이라 할 수 있습니다.

알에서 시작하여 이기면 주인까지 올라가요.

지면 다시 한 단계씩 내려가요.

같은 단계인 친구들과 가위바위보를 하면서 올라가 볼까요?

행운에 기대며! 알레이

세움

- 준비물: 준비물 없음
- 공간 배치: 아이들의 책상과 의자를 최대한 앞으로 붙이고 넓은 활동 공간을 마련

깨움

① 발목 돌리기, 무릎 굽혀 펴기, 허리 돌리기, 팔 돌리고 스트레칭, 목 운동
② '몸풀기 가위바위보'
　-개인전이다.

> 1단계: 고개 돌리기- 목을 360도 돌린다.
> 2단계: 팔 돌리기- 양 팔을 접어서 어깨로 돌린다.
> 3단계: 손목 돌리기- 한 손을 다른 손 손목을 잡고 돌린다.
> 4단계: 허리 돌리기- 양 손을 허리에 대고 돌린다.
> 5단계: 무릎 돌리기- 양 손을 무릎에 대고 돌린다.

- 신호에 따라 모두 1단계부터 시작하고 가위바위보를 하고 이기면 1단계 올라가고 지면 1단계 내려간다. 같은 단계끼리 가위바위보를 할 수 있다.
- 5단계까지 끝나면 교사와 가위바위보를 하여 이기면 옆에 서 있고 지면 5단계를 한다. 다시 5단계까지 끝나면 교사 옆에 있는 친구들에게 마지막 도전을 하고 이기면 친구들 옆에 서 있는다.
- 같은 단계의 아이가 안 보이면 교사가 가위바위보를 해 준다.
③ 게임규칙을 설명하면서 간단한 시범을 보인다.
④ 움직일 때 친구들과 책상에 부딪치지 않도록 조심한다.

⑤ 동작을 확실하게 하고 단계에 맞는 소리를 크게 내도록 한다.

배움

① 개인전이다.

> 1단계: 알– 쪼그려 앉아 손을 무릎에 대고 "알" "알" 소리를 낸다.
> 2단계: 병아리– 쪼그려 앉아 입 앞에서 두 손을 보아 부리처럼 만들고 "삐약" "삐약" 소리를 낸다.
> 3단계: 닭– 두 팔을 날개짓을 하며 "꼬꼬댁" "꼬꼬댁" 소리를 낸다.
> 4단계: 주인– 열중쉬어 자세를 한다.

② 신호에 따라 모두 1단계부터 시작하고 가위바위보를 하고 이기면 1단계 올라가고 지면 1단계 내려간다.

③ 같은 단계끼리 가위바위보를 할 수 있다.

④ ~⑥ 4단계까지 끝나면 교사와 가위바위보를 하여 이기면 교사 옆에 서고 지면 3단계를 친구와 같이 한다. 같은 단계의 아이가 안 보이면 교사가 가위바위보를 해 준다.

바꿈

① 가위바위보를 져도 단계가 내려가지 않도록 할 수 있다.

② "꿇어 가위바위보"

- 2명이 가위바위보를 한다.
- 가위바위보를 이기면 진 아이에게 "꿇어"라고 말한다. 지면 다음과 같은 행동을 해야 한다.

> 1단계: 오른쪽 무릎 꿇기
> 2단계: 왼쪽 무릎 꿇기
> 3단계: 왼손을 바닥에 붙이기
> 4단계: 오른손을 바닥에 붙이기

- 친구를 바꿔서 활동을 해 본다.

나눔

① 활동을 하고 규칙을 바꾸거나 느낀 점을 서로 이야기한다.

② 손목, 발목, 허리를 풀어주는 정리운동을 실시하고 교실을 정리한다.

38. 보물을 찾아요

전 세계적으로 인기를 끈 '포켓몬 고'라는 게임이 있습니다. 외국에 비해 국내에는 다소 늦게 들어왔는데, 조금이라도 먼저 해보고 싶은 마음에 동해안에 있는 도시로 원정을 가서 인증샷을 하는 모습들이 뉴스에 나오곤 했습니다. 혹자는 디지털 시대의 '보물찾기'라고 합니다. 포켓몬스터의 캐릭터의 매력도 비결이지만, 재미있는 이유는 자기 스스로 찾아다니면서 내 힘으로 무엇인가를 차지하는 '보물찾기'의 재미가 자리 잡고 있다고 생각합니다.

어떤 역사학자는 수렵시대에서 현재까지 인류 역사 발전의 원동력을 '찾는 재미'라고 했습니다. 그러한 재미가 디지털 시대인 지금도 사람의 찾는 본능을 깨우고 자극합니다.

과거 소풍을 가면 '보물찾기'게임이 있었습니다. 지금도 사라지진 않았지만, 소풍의 최대 하이라이트였습니다. 학생은 물론, 교사와 학부모까지 함께 어울려 주변을 살피고, 어디에 보물이라 적혀있는 쪽지가 있는지 찾아봤습니다. "찾았다"라는 소리가 어디선가 들리면 환호성도 들리고 아쉬움의 한숨도 함께 들렸습니다. 학생들의 소풍뿐 아니라 야외행사에서도 '보물찾기'가 빠지지 않고 진행되던 시절이었습니다.

서양에서도 보물찾기는 전통놀이로 이어져 왔다고 합니다. 프랑스에서는 부활절 축제 때 '부활절 계란'을 창고 등에 숨겨놓고 아이들에게 찾게 했습니다. 20세기 초 영국에서는 전국에 숨겨놓은 보물에 대한 이야기가 담긴 '가장무도회'라는 책이 출간되어 책에 숨겨진 황금그릇을 찾기 위해 수백만 명이 참가했다고 합니다.

이렇듯 동서양을 막론하고 흥미로운 활동인 보물찾기는 호기심이 많은 어린아이들이 최고의 참가자입니다. 발견은 우연일 수 있지만, 과정은 더 많이 움직인 사람에게 유리합니다. 넓은 장소는 아니지만, 교실 속에서 우연과 노력으로 함께 보물을 찾는 활동을 해보면서 숨겨진 재미를 함께 찾아봤으면 합니다.

'보물이 어디있을까?' 고깔콘 안의 보물을 찾아요.

체력운동도 하고 찾았을 때의 기쁨도 느낄 수 있어요.

친구보다 먼저 보물을 찾아볼까요?

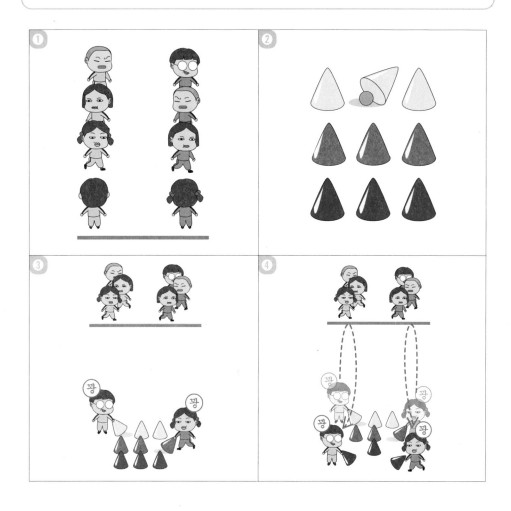

 세움

- 준비물: 고깔콘 9개, 탁구공1, 출발 라인 선
- 공간 배치: 아이들의 책상과 의자를 최대한 앞으로 붙이고 넓은 활동 공간을 마련

 깨움

① 발목 돌리기, 무릎 굽혀 펴기, 허리 돌리기, 팔 돌리고 스트레칭, 목 운동
② 1m 간격으로 고깔콘을 놓고 교사의 신호에 맞춰 스텝을 밟으면서 고깔콘에 손을 짚는 연습을 하며 몸을 푼다.
③ 게임규칙을 설명하면서 간단한 시범을 보인다.
④ 보물을 찾을 때 고깔콘을 손과 발로 치지 않고 손으로 들면서 확인하도록 한다.
⑤ 옆에 있는 친구들은 탁구공이 어디 있는지 알려주지 않도록 한다.

 배움

① 2팀으로 나눈다.(남여 대결해도 좋다) 각 팀의 한 명이 출발라인에 뒤를 돌아보고 선다.
② 교사는 탁구공을 9개의 고깔콘 중의 한 군데에 숨겨 놓는다.
③ ~ ④ 출발 신호와 함께 고깔콘 앞으로 달려가 고깔콘 하나를 들어올린다. 이 때, 탁구공이 없으면 다시 출발선으로 뛰어간 후 다시 달려와 찾는다.
⑤ 탁구공을 찾으면 두 손을 들고 "찾았다"라고 외치면 이긴다.
　1:1 대결을 한 후 이긴 학생이 많은 팀이 이긴다.

바꿈

① 고깔콘 대신 플라잉디스크나 일회용 컵으로, 탁구공 대신 분필로도 대체할 수 있다.

② 고깔콘 안의 탁구공의 수를 2개로 하여 먼저 찾으면 이기게 할 수 있다.

③ 고깔콘의 수를 늘리고 탁구공을 많게 넣어 두 팀이 릴레이 경기를 하여 탁구공을 다 찾는 팀이 이기는 것으로 변형할 수도 있다.

나눔

① 활동을 하고 느낀 점을 서로 이야기한다.

② 손목, 발목, 허리를 풀어주는 정리운동을 실시하고 교실을 정리한다.

39. 점프 가위바위보

　나선형의 달팽이집 모양의 놀이판을 그리고 편을 나누어 집을 정한 후 가위바위보로 상대의 집을 먼저 차지하는 '달팽이놀이'가 있습니다. 북한에서는 땅에 그린 모양에 따라 빙글빙글 돌기 때문에 '돌아잡기'라고도 하는 이 놀이는 매우 간단합니다. 참가하는 아이들이 두 편으로 나뉘어 한쪽은 안쪽에 있는 집으로 들어가고 나머지 한 편은 바깥쪽을 자기 집으로 정합니다.

　'시작' 신호에 맞춰 안쪽 집에 있는 첫 번째와 바깥쪽의 첫 번째 아이가 동시에 뛰어 나옵니다. 놀이판을 따라 뛰다보면 둘이 만나게 되고, 만나면 가위바위보를 합니다. 이긴 아이는 원래 뛰는 방향으로 뛰고, 진 아이는 돌아가서 같은 편 뒤에 섭니다. 진 편의 두 번째 아이는 자기 편이 지자마자 바로 뛰어 나오다가 첫 번째와 마찬가지로 상대편을 만나면 가위바위보를 합니다. 계속해서 하다가 상대편의 집에 먼저 들어간 편이 이기게 됩니다.

　이 놀이는 조선시대에는 '골뱅이놀음'이라는 이름으로 하였고, 진 사람이 상대편 집에 붙잡혀가는 방법이었다고 합니다.

　'점프 가위바위보'게임은 이러한 달팽이놀이를 실내에서 하도록 변형한 놀이입니다. 빙글빙글 도는 달팽이판의 재미는 접시콘을 깡충깡충 뛰어넘는 것으로 바뀌었습니다. 나선형의 달팽이판은 돌면서 어지러움이 즐거움이라면 '점프 가위바위보'는 열심히 점프하면서 숨차게 이동하는 것이 재미입니다. 가위바위보로 승부를 내고 이기면 바로 상대편을 향하여 점프합니다. 금방이라도 닿을 것 같은 상대편 진영에서 새로운 사람이 나옵니다. "가위바위보"를 외치면서 승리할 때의 즐거움은 회차를 거듭할수록 배가 됩니다. 나로 인해 승리할 것 같은 게임은 상대팀의 다른 친구와 가위바위보에서 지면 다시 원점으로 돌아갑니다. 혼자서 할 수 없습니다. 게임을 하다보면 이길 수도 있고, 질 수도 있습니다. 계속해서 이기는 것은 불가능합니다만, 친구들과 반복하여 한걸음씩점프하다보면 어느새 승리가 앞에 있을 수도 있습니다.

'점프'하면서 가다가 친구와 만나면 가위바위보

이기면 계속 앞으로 전진, 지면 진 팀에서 다음 친구가 처음부터 출발!

다 같이 점프하면서 움직여볼까요?

세움

- 준비물: 접시콘 12개 정도
- 공간 배치: 아이들의 책상과 의자를 최대한 앞으로 붙이고 넓은 활동 공간을 마련

깨움

① 발목 돌리기, 무릎 굽혀 펴기, 허리 돌리기, 팔 돌리고 스트레칭, 목 운동
② 선생님의 신호에 따라 제자리, 앞으로, 옆으로, 뒤로 점프를 하면서 몸을 푼다.
③ 짝 친구와 가위바위보 게임(가위로 이기면 1발, 바위로 이기면 2발, 보로 이기면 3발)을 해 본다.
④ 게임규칙을 설명하면서 간단한 시범을 보인다.
⑤ 경기에 집중하여 너무 빠르게 점프하여 앞으로 가면 마주 오는 친구와 부딪칠 수가 있다. 접시콘 사이에 두 친구가 같이 들어가지 않도록 한다.

배움

① 접시콘을 일정한 간격으로 1줄로 놓고 두 팀으로 나눈다. (모둠별로 하거나 남녀 대항으로 해도 좋다.) 양 팀은 접시콘의 옆에 1줄로 선다.
② 양팀의 첫 번째 아이는 점프하면서 앞으로 나간다.
③ 나가다가 둘이 만나면 서로 가위바위보를 한다.
④~⑤가위바위보를 해서 이긴 아이는 계속 점프하면서 앞으로 가고, 진 아이는 자기 팀의 맨 뒤쪽으로 간다. 이때 진 팀의 다음 순서의 아이는 빨리 점프하면서 나간다. 반복하다가 한 아이가 상대편 접시콘까지 도달한 팀이 이긴다.

바꿈

① 접시콘의 간격에 변화를 줘서 진행한다.
② '가위바위보' 대신에 '묵찌빠'로 경기를 진행할 수 있다.

나눔

① 활동을 하고 느낀 점을 서로 이야기한다.
② 손목, 발목, 허리를 풀어주는 정리운동을 실시하고 교실을 정리한다.

40. 가라사대 준비운동

　학기 초 아이들의 집중을 위해 '가라사대 놀이'를 종종합니다. 선생님의 '가라사대'로 시작할 때만 그 동작을 따라하는 놀이로 상대방의 말을 주의 깊게 들어야만 성공할 수 있습니다. "가라사대 손을 드세요. 손 내리세요" 같은 말을 하면서 아이들을 들었다 놨다 합니다. 영어 수업시간에는 "사이먼 세이~" 등으로 영어 구문을 익히면서 게임으로 응용되기도 합니다. 수업시간이나 게임 등 다용도로 활용됩니다.

　우리 말 사전을 살펴보면 '말씀하시되'의 뜻으로 쓰이고 '가로되'보다 높임의 뜻을 나타난다 하였습니다. "공자께서 가라사대 배우고 때로 익히면 또한 즐겁지 아니한가"라는 문장을 많이 들어봤지만, 실제 일상에선 사용하지 않고 시대 배경이 옛날이거나 한문 번역글에서 사용됩니다. 원래는 아이들에게 익숙한 단어가 아니어야 하지만, 수업시간 놀이로 사용하면서 여전히 살아있는 말로 존재합니다.

　매 체육시간 실시하는 준비운동은 중요합니다. 근육을 풀어주고 몸의 혈액순환을 활발하게 해주며 몸에 무리가 가는 것을 사전에 방지해줍니다. 늘어져 있는 몸을 긴장시켜주어 부상의 위험을 방지합니다.

　'가라사대 준비운동'은 활동에 필요한 준비운동을 하면서 선생님의 말을 주의 깊게 듣게 하고, 말을 듣고 나서 해야 할 상황판단도 함께 생각하도록 합니다. 몸과 마음을 함께 준비하게 합니다. 분위기에 따라 웃음 넘치게 할 수 있고, 다소 긴장감이 흐르는 상황으로 진행할 수도 있습니다. '가라사대' 다음으로 어떤 종류의 말을 하느냐에 따라 달라집니다. 초반에는 다소 진지하게 준비운동의 목적을 생각하고, 충분히 몸이 풀리면 게임으로 진행할 수 있습니다. 선생님의 시범 이후 아이에게 기회를 주면 '가라사대'라는 말로 움직이는 전체의 모습을 보게 됩니다. 모두를 들었다놨다하는 말 한마디의 힘도 경험할 수 있습니다.

'가라사대'라는 말이 앞에 나와야 행동을 할 수 있어요.

"팔 돌리기" 때는 가만히 있고 "가라사대 팔 돌리기"할 때 준비운동을 해야 해요.

정신을 바짝 차리면서 준비운동을 해 볼까요?

세움

- 준비물: 준비물 없음
- 공간 배치: 아이들의 책상과 의자를 최대한 앞으로 붙이고 넓은 활동 공간을 마련

깨움

① 발목 돌리기, 무릎 굽혀 펴기, 허리 돌리기, 팔 돌리고 스트레칭, 목 운동
② "가라사대" 게임
   – 교사가 가라사대를 말하고 한 명령은 따르고, 가라사대를 말하지 않은 명령은 하지 않는
     게임이고 탈락하면 경기장 밖으로 나간다.

> 지금부터 가라사대 게임을 시작하겠습니다.
> "박수 준비" 엄청 많이 아웃되었네요. "가라사대 박수 준비"
> "박수 두 번 시작" 또 아웃되었네요. "가라사대 박수 두 번 시작"
> "가라사대 두 손을 머리에 올리세요" 너무 잘하는 데요. "손 내리고 다시 할게요" 등

③ 게임규칙을 설명하면서 간단한 시범을 보인다.
④ 움직일 때 친구들과 책상에 부딪치지 않도록 조심한다.

배움

① 학생들은 적당한 간격을 두고 서 있는다.
② '깨움'에서 했던 가라사대 놀이를 준비 운동에 적용시킨다.
③ 교사가 "고개 돌리기" 하면 행동을 하는 아이는 탈락하여 경기장 밖으로 나간다. "가라사대
   고개 돌리기"라고 말을 해야 행동을 해야 한다. 교사가 같이 행동을 하면 교사의 행동을 보
   고 탈락하는 아이들이 많아진다.
④ 여러 가지 준비 운동을 실시해 본다.

바꿈

① 탈락한 아이들에게 부활의 기회를 줄 수도 있다.
② 명령을 내리는 것을 학생을 시킬 수도 있다.

나눔

① 활동을 하고 규칙을 바꾸거나 느낀`점을 서로 이야기한다.
② 손목, 발목, 허리를 풀어주는 정리운동을 실시하고 교실을 정리한다.

41. 가위바위보 달리기

'가위바위보'는 다양한 상황에서 활용됩니다. 우리 중 누가 먼저 이야기할지, 누가 먼저 달릴지, 남아있는 먹음직스러운 피자 한 조각은 누가 먹을지 등을 결정할 때 사용됩니다. 누군가 손해를 봐야하는 상황에서는 내가 걸려 한숨이 나오기도 합니다. 그래도 이러한 '가위바위보'에 동의하는 사람은 '가위는 보를 이기고, 바위는 가위를, 보는 주먹을 이긴다'는 기본 규칙을 준수합니다. 가위로 보자기를 자를 수 있지만, 돌을 뜻하는 바위를 가를 수 없고, 보는 바위를 덮을 수 있다는 기본 의미를 알기 때문입니다. 남녀노소 누구나 알고 있고 꾸준히 다목적으로 사용하는 가위바위보는 아이들 세계에선 절대적인 의사결정 수단으로 활용됩니다.

달리기는 아이들의 기본 욕구입니다. 하지만 신체조건이나 운동신경에 따른 기능의 차이가 있습니다. 달리기만 하면 고개를 푹 숙이고 힘없어 하는 아이들이 존재합니다. 왠지 나만 뒤처지는 느낌에 초반에 포기하면서 '나는 해도 안 된다니까' 라며 자책하는 아이들도 있습니다. 그래서 달리기에 '함께'와 '운'이라는 두 가지 요소를 넣었습니다. 나 혼자가 아니라 다른 누군가와 함께 하는 것 그래서 나의 부족함이 다른 누군가에 의해 채워지는 기회가 있게 하는 것입니다. 그리고 달리기 '실력'과 상관없는 가위바위보 '운'이라는 것이 승부에 영향을 주는 것입니다.

"얘들아, 이 달리기는 달리기 실력과 큰 상관이 없어. 하다보면 이길 수도 있고 질 수도 있지만, 실력과 상관없어. 그냥 한번 해보자"라는 말로 시작합니다. 한번 해보면 아이들은 알게 됩니다. '달리기와는 상관없네'라고 깨닫게 됩니다. 물론 열심히 부지런히 참여하는 팀이 더 유리한 것은 사실입니다. 이 역시 하다보면 스스로 알게 됩니다.

간단한 활동임에도 아이들은 즐거워합니다. 함께 하는 경쟁에 운이라는 변수를 넣으니 재미는 배가 됩니다. 이길 수도 있고 질 수도 있지만, 함께 하기에 즐겁다는 기본적인 게임의 원리도 느낄 수 있습니다.

달리기를 하면서 모둠장과 만나면 가위바위보! 이기면, 다음 친구 출발

지면, 체력운동을 하고 이길때까지 가위바위보!

바로 한 번에 이기기를 바라며, 가위~바위~보.

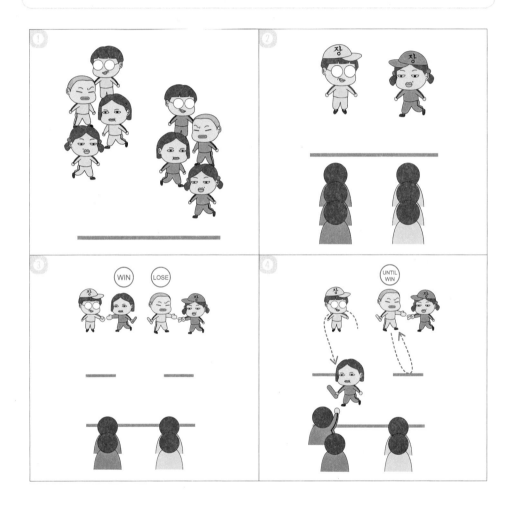

세움

- 준비물: 배턴 4개
- 공간 배치: 아이들의 책상과 의자를 최대한 앞으로 붙이고 넓은 활동 공간을 마련

깨움

① 발목 돌리기, 무릎 굽혀 펴기, 허리 돌리기, 팔 돌리고 스트레칭, 목 운동
② '5명을 이겨라'
　– 돌아다니면서 친구와 가위바위보를 한다. 이기면 손가락을 접으면서 5명을 이길 때까지 한다.
③ 게임규칙을 설명하면서 간단한 시범을 보인다.
④ 친구들이 달려왔을 때 앞에 서 있는 모둠장이 너무 늦게 가위바위보를 내지 않도록 한다.
⑤ 이길 때는 모둠장을 돌아서 다음 친구에게 배턴을 넘기도록 하고, 질 때는 표시된 선을 확실하게 짚은 다음 다시 가위바위보를 하도록 한다.
⑥ 출발선에서 달려오면서 바톤을 받지 않고 출발선에서 받도록 한다.

배움

① 4모둠으로 나눈다.(교실 상황에 따라 2모둠 또는 남녀 대항으로 해도 좋다.) 이 때 경기하는 친구들은 숫자를 맞춘다. 숫자가 부족할 경우 앞에 있는 친구가 한 번 더 뛰도록 한다.
② 각 팀의 모둠장에 5m정도 앞 쪽에서 친구들을 보고 선다. 자기 모둠이 아닌 다른 모둠 앞에 서도록 한다.
③ 각 모둠의 첫 번째 친구가 달려가서 모둠장과 가위바위보를 한다. 이기면 모둠장을 돌아서 두 번째 친구에게 배턴을 넘기고 출발.
④ 지면 모둠장 1m앞에 표시된 선을 손으로 짚고 다시 모둠장과 가위바위보!(질 때마다 계속 손으로 짚어야 하고 이기면 모둠장을 돌아온다.) 모둠의 모든 친구들이 돌아와서 앉은 팀이 이긴다.

바꿈

① 모둠장을 바꿔가면서 진행한다.
② '가위바위보' 대신에 '묵찌빠'로 경기를 진행할 수 있다.
③ 가위바위보를 질 경우 뒤돌아서 손을 짚지 않고 모둠장 앞에서 이길 때까지 가위바위보를 하게 할 수도 있다.

나눔

① 활동을 하고 느낀 점을 서로 이야기한다.

② 손목, 발목, 허리를 풀어주는 정리운동을 실시하고 교실을 정리한다.

42. 운수 좋은 날

　'운수'는 이미 정하여져 있어 인간의 의지와 노력과는 상관없이 생기는 것을 말합니다. 우리는 흔히 '운'의 반대말로 실력과 노력에 대해 이야기합니다. 실력과 노력은 나의 힘으로 하는 것이지만, 운이라는 것은 어떻게 할 수 없기에　반대의 개념으로 사용하곤 합니다. 하지만 실력이 좋다고 항상 이기는 것이 아니라는 것은 상식입니다. 우리가 말하는 실력에는 운이라는 요소가 포함됩니다.

　'운수 좋은 날' 게임은 1/4의 확률로 사느냐 죽느냐가 반복됩니다. 운이 절대적으로 좌우하는 활동입니다. 노력이나 실력은 크게 좌우하지 않습니다. 단지 술래가 부르는 번호에 의해 나의 운명이 사느냐 죽느냐 좌우됩니다.

　'게임의 재미는 경쟁에 있다'는 말이 있습니다. 누군가를 이기는 즐거움이 게임을 하게 만든다는 이야기입니다. 많은 게임들이 상대와 겨뤄 이겨야 승부가 납니다. 개인끼리일 수도 있고 팀 대항일 수 있는 게임의 승리를 위해 노력하고 그 결과 승리하면 큰 기쁨을 느낍니다. 그런데 경쟁게임보다 더 스릴 있는 것이 '운'게임이라고 합니다. 포커나 고스톱을 치면서 손 안의 패를 확인할 때의 스릴을 생각하면 됩니다. 우연히 들어온 손 안의 패에 따라 승리라는 보상이 걸려 있습니다. 같은 '운'게임이라도 보상이 크면 스릴은 더 강해진다고 합니다.

　'운수 좋은 날'은 행운에 기대어 움직입니다. 술래의 한마디에 바로 결과가 적용되는 스릴이 있습니다. 게임에 계속 참여하여 탈락하게 된 다른 친구들의 부러움과 마지막까지 살아남을 수도 있다는 기대감이라는 보상도 있습니다. 게임의 끝에는 누군가 한 명이 살아남는 엔딩이 기다립니다. 그 한명이 되기 위해 부산히 움직이는 노력이나 다음 수를 확률적으로 계산하는 실력이 필요할 수 있습니다. 하지만 운이 따라야 모두가 부러워하는 최후의 1인이 됩니다. 결국 운수 좋은 날이어야 합니다.

교실에 있는 네 모퉁이를 찾아 가요.

술래가 말하는 숫자에 따라 탈락이 돼요.

오늘 가장 운이 좋은 친구는 누구일까요?

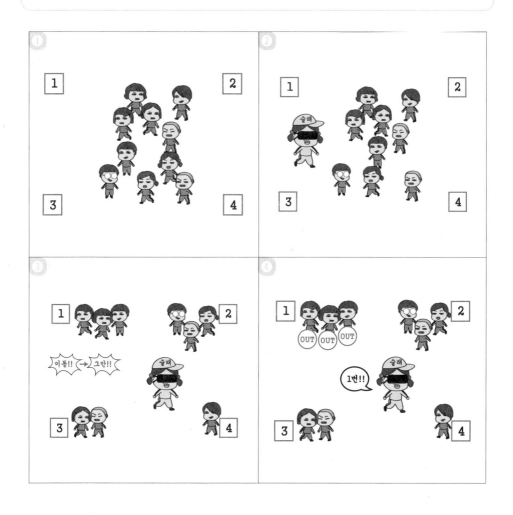

행운에 기대며! 알레이

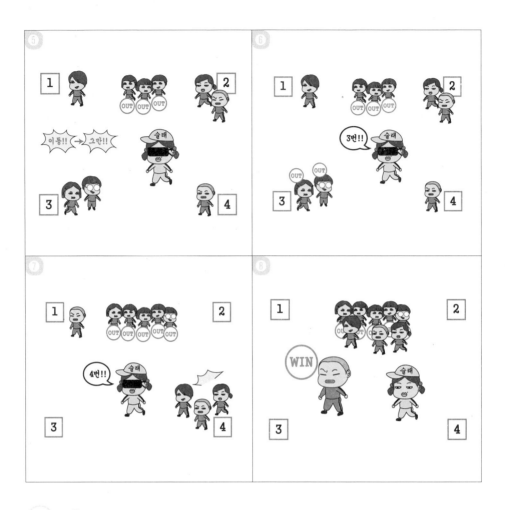

세움

- 준비물: 준비물 없음
- 공간 배치: 책상과 의자를 그대로 둔 상태

깨움

① 발목 돌리기, 무릎 굽혀 펴기, 허리 돌리기, 팔 돌리고 스트레칭, 목 운동
② 게임규칙을 설명하면서 간단한 시범을 보인다.
③ 움직일 때 친구들과 책상에 부딪치지 않도록 조심한다.
④ "그만"할 때 더 이상 이동하지 않도록 한다.

배움

① 교실 네 모퉁이를 1, 2, 3, 4로 정한다.

② 술래 한 명을 정하고 눈을 가리게 하거나 교사 책상에 앉아 엎드린다.

③ 술래가 "이동"이라고 말하면 학생들은 원하는 모퉁이 중 한 곳으로 간다. 술래가 "그만"이라고 말하면 학생들은 이동을 멈춘다.

④~⑧ 술래가 1~4번 중 한 가지를 외치고 그 번호 모퉁이의 학생들은 탈락하여 의자에 앉는다. 마지막까지 한 명 남을 때까지 활동을 한다. 그리고 그 한 명이 술래가 된다.

 바꿈

① 탈락한 아이들에게 부활의 기회를 줄 수도 있다.

② 술래 없이 교사가 1~4번이 써진 종이를 뽑아서 진행할 수 있다. 이때 탈락한 친구들 중에서 뽑게 할 수도 있다.

 나눔

① 활동을 하고 규칙을 바꾸거나 느낀 점을 서로 이야기한다.

② 손목, 발목, 허리를 풀어주는 정리운동을 실시하고 교실을 정리한다.

4. 한계에 도전을! 일링크스

43. 교실 컬링

　전 국민의 가슴을 뜨겁게 했던 2018 평창올림픽에서 "영미~~ 영미"하는 컬링 경기의 외침을 기억합니다. 동그란 스톤이 빙글빙글 돌면서 움직여 상대편 돌을 쳐내는 순간의 짜릿함도 기억합니다.

　빙판 위에서 하는 경기인 컬링(Curling)은 4명의 선수가 한 팀을 이루어 진행합니다. 처음 봤을 때는 빙판을 빗자루로 쓱싹쓱싹거리는 빗질 경기인가? 라는 생각이 들지만, 규칙을 알면 알까기나 당구 포켓볼의 규칙을 섞어놓은 느낌이 들었습니다.

　컬링은 얼음판 위에서 하는 종목이지만 바닥이 잘 미끄러지는 경기화를 신고 하우스라 불리는 얼음을 깐 경기장 내의 표적을 향해 스톤을 보내어 점수를 겨루는 방식입니다. 컬링 스톤을 밀고 바닥을 쓸어 속도를 조절하여 움직이게 하여 원 안에 자기편 스톤을 얼마나 많이 남기고 상대편 스톤을 원 밖으로 멀리 쳐내느냐를 겨루는 경기입니다. 마치 알까기에서 상대방을 최대한 떨어뜨리고 자신의 알을 많이 남게 하면 승리하는 방식과 비슷하여 규칙이 간단하고 보기 쉽습니다.

　현대 스포츠가 그러하듯 컬링도 과거부터 내려온 종목입니다. 영국 스코틀랜드 지방에서 얼음이 얼면 돌덩이를 굴려 즐기던 놀이가 캐나다에 의해 스포츠 경기로 된 것으로 1998년 나가노 동계올림픽에서 정식종목으로 채택되었습니다.

　교실 컬링은 쉽게 배우고 함께 할 수 있습니다. 팀을 이뤄 개임을 하기에 서로를 존중해야 하고 협동해야 함을 배울 수 있고 평소에 사용하지 않던 다양한 근육을 사용하는 운동 효과가 있습니다. 게임을 하게 되면 상대팀의 수를 생각하는 심리전도 하며 목표물에 대한 집중과 몰입을 통해 참여 학생들은 사회성, 창의력, 집중력을 발달할 수 있습니다. 무엇보다 함께 "영미~~" 하는 것 같은 외침으로 하나 되는 모습을 기대할 수 있습니다.

교실에서 컬링을 해요.

앞에 있는 과녁판에 플라잉디스크를 밀어서 가까이 가게 하면 이겨요.

상대방의 플라잉디스크를 밀어내도 돼요.

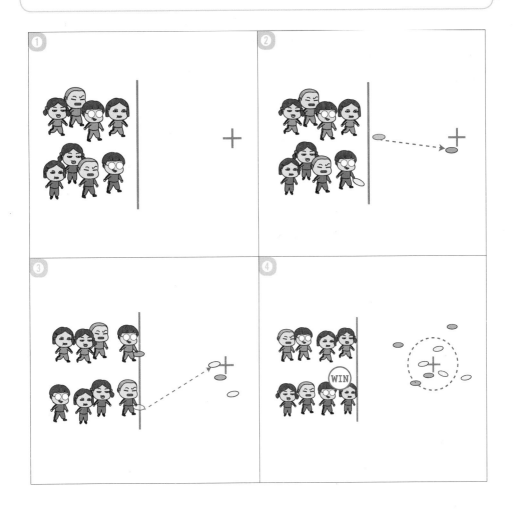

세움

- 준비물: 색깔이 다른 플라잉 디스크 각 4개, 색 테이프, 고깔콘
- 공간 배치: 아이들의 책상과 의자를 최대한 앞으로 붙이고 넓은 활동 공간을 마련

 깨움

① 발목 돌리기, 무릎 굽혀 펴기, 허리 돌리기, 팔 돌리고 스트레칭, 목 운동
② "과녁판을 맞춰라"
- 5m정도 앞에 있는 고깔콘을 놓는다.
- 2팀으로 나누어 플라잉디스크를 밀어서 고깔콘에 맞춰본다.
③ 게임규칙을 설명하면서 간단한 시범을 보인다.
④ 플라잉디스크를 던지지 않고 땅으로 밀어야 한다.

 배움

① 색 테이프를 이용하여 5m정도 앞에 과녁모양(+)을 만들어 놓는다.
② 2팀으로 나눈다.(남녀대항으로 해도 좋다.)
③ 각 팀에서 4명이 한 조로 하여 돌아가면서 플라잉디스크를 과녁에 가깝게 땅으로 민다.
④ 4개를 던지고 나서 가깝게 붙인 팀의 개수가 점수가 된다. 10엔드까지 해 보고 총 점수가 많은 팀이 이긴다.

 바꿈

① 플라잉디스크 대신 색이 다른 테니스공으로도 할 수 있다.
② 상황에 따라 엔드 수를 줄일 수 있다.
③ 저학년은 과녁판 대신 점수판을 만들어 점수로 계산할 수 있다.

 나눔

① 활동을 하고 규칙을 바꾸거나 느낀 점을 서로 이야기한다.
② 손목, 발목, 허리를 풀어주는 정리운동을 실시하고 교실을 정리한다.

44. 비사치기

비사치기의 어원은 '비석치기'입니다. 둘 또는 여러 명의 아이들이 팀을 나누어 노는 놀이로 비석치기, 비석차기, 돌치기라고도 합니다. 우리나라 곳곳에서 널리 했던 놀이이며, 지금도 놀이하는 모습을 볼 수 있습니다.

일반적으로 이 놀이는 일정한 자리에 선을 그은 뒤 선 위에 비석을 세워두고 2.5m에서 3m의 거리에서 자신의 비석을 던져 상대편의 비석을 맞혀 쓰러뜨리는 것으로 승부를 냅니다. 비석치기는 '던지기-세발 뛰어차기-발등—발목-무릎-가랑이-배-손등-신문팔이-어깨-목-머리-장님' 등의 단계를 거칩니다. 물론 지역마다 다릅니다. 발목 사이에 돌을 넣고 가는 것을 '토끼뜀', 배를 내고 가는 것은 '배사장', 어깨에 올리고 간 것은 '훈장', 신문을 겨드랑이에 끼고 가는 모습을 본뜬 '신문팔이', 등 상황에 맞는 단계별 이름으로 불리기도 합니다.

'비사치기' 활동에서 가장 중요한 것은 거리 감각입니다. 세워진 비석을 맞히는 처음 단계가 가장 난이도가 높게 느껴집니다. 어떻게 해서든 처음부터 비석을 맞춰야만 신체를 활용하는 단계들을 넘어갈 수 있습니다. 한 번에 맞히면 좋지만 내가 어느 정도의 세기로 던져야 할지, 내가 서 있는 곳에서 비석까지의 거리가 얼마만큼 인지 아는 것은 쉽지 않습니다. 특히 거리 감각이 부족한 아이는 시련을 느끼기도 합니다.

결국에는 여러 번의 시행착오를 거쳐야 성공할 수 있습니다. 간절한 바람과 던지고 못 맞히고 또 세우고, 던지고 또 실패하면서 포기하고 싶은 마음이 생기기도 합니다. '비사치기'를 하다보면 성공 주문을 외우기도 하고 상대편이 실패하도록 간절히 기도하는 모습을 볼 수 있습니다. 팀을 나눠 진행하면 더욱 간절한 마음으로 팀의 승리를 기원하게 됩니다. 큰 목소리로 응원을 하고 상대편의 실수를 기원합니다. 친구 덕에 성공을 하는 경우 친구는 비석을 한번 맞힌 것으로 과분할 수준의 은인이 되기도 합니다. 비사치기도 결국 주위 사람들과 서로 돕고 도우며 협력해야 성공할 수 있습니다. 조상들도 이러한 사실을 깨달았으면 히는 마음으로 아이들에게 가르쳐주지 않았을까 생각해봅니다.

비사치기는 적당한 거리에 상대편의 비석돌을 세워 놓고 자신의 비석으로
상대편의 비석을 맞혀 쓰러뜨리는 놀이로 '바로 던지기'부터
'눈 감고 던지기'까지 먼저 도달해 보아요.

세움

- 준비물: 개인별 비석
- 공간 배치: 아이들의 책상과 의자를 최대한 앞으로 붙이거나 복도에 놓은 상태로 넓은 활동 공간을 마련

깨움

① 발목 돌리기, 무릎 굽혀 펴기, 허리 돌리기, 팔 돌리고 스트레칭, 목 운동
② '비석과 친해지기'
　– 비석을 가지고 발등, 발목, 무릎, 손등, 겨드랑이, 턱, 어깨, 머리에 놓고 움직여본다.
③ 게임규칙을 설명하면서 간단한 시범을 보인다.

④ 활동을 하면서 교실에 있는 책상과 친구들과 부딪치지 않도록 한다.

배움

① 2명이 짝이 되어 활동을 한다. 2m정도 거리를 두고 두 줄을 분필로 긋는다.

② 가위바위보를 하고 진 친구는 자기 선 위에 비석을 세워놓는다.

③ 다음 단계에 따라 비석을 맞혀 쓰러뜨린다. 맞히면 계속 던질 자격이 주어지고, 맞히지 못하거나 가는 도중에 떨어뜨리면 상대방에게 기회를 가진다

④ ~⑧ 공격편이 다시 자기 차례가 되었을 때는 그 단계부터 시작한다. 마지막 단계까지 통과하면 이긴다.

〈단계〉

1. 바로 던지기
2. 한 발 뛰어서 앙감질로 잡고 던지기
3. 두 발 뛰어서 앙감질로 잡고 던지기
4. 세 발 뛰어서 앙감질로 잡고 던지기
5. 세로로 비석을 놓고 바로 던지기
6. 발목에 비석을 놓고 두 발로 뛰어 가서 비석 앞에서 발목을 앞으로 향하여 던지기
7. 무릎 사이에 비석을 놓고 두 발로 뛰거나 걸으면서 비석 앞에서 던지기
8. 손등에 비석을 놓고 던지기(손등은 목 위에서)
9. 발등에 비석을 놓고 걸으면서 비석 앞에서 던지기
10. 겨드랑이에 비석을 끼고 걸으면서 던지기
11. 턱에 비석을 끼고 걸으면서 던지기
12. 어깨에 비석을 끼고 걸으면서 던지기
13. 머리에 비석을 끼고 걸으면서 던지기
14. 눈을 감고 바로 던지기

바꿈

① 비석 대신 세울 수 있는 모든 것(젠가, 나무블럭, 우유갑, 화장품 상자 등)을 사용해도 된다.

② 상황에 따라 던지는 거리를 늘리거나 줄일 수 있다.

③ 비사치기 단계를 추가하거나 줄일 수 있다.

나눔

① 활동을 하고 느낀 점을 서로 이야기한다.

② 손목, 발목, 허리를 풀어주는 정리운동을 실시하고 교실을 정리한다.

45. 사방치기

'사방치기'는 넓은 들이나 한길에 여러 모양의 그림(밭)을 그려 놓고, 일정한 순서에 따라 돌을 차며 가거나 주워 던지며 노는 전통놀이입니다. '사방치기', '일이삼사', '팔방치기', '목자치기', '망 줍기'라고도 합니다. 남녀 구분 않고 어른 아이 모두 함께 할 수 있으며 공터와 납작한 돌만 있으면 언제 어디서든 즐길 수 있습니다.

땅에 간단한 그림을 그리고 주변에 쉽게 보이는 돌을 이용한 놀이이기에 우리나라 뿐 아니라 세계 다른 나라에서도 볼 수 있는 놀이입니다. 사방에서 '방'은 칸을 말하고 '사'는 네 개를 뜻하므로, 방을 네 개 그리고 논다는 의미가 있습니다. '팔방치기'는 방을 여덟 개 그리고 논다는 의미로 처음에는 방을 네 개를 그리고 놀다가 점차 방의 수를 늘려 놀았습니다. 또한 '목자치기'라고도 부르는데, 망을 지방에 따라 목자라고 부르기에 붙여진 이름입니다. 2~3명이 놀이를 하지만 인원이 많으면 편을 가르기도 합니다.

그려진 놀이판에서 한발이나 두발로 균형을 잡기 때문에 몸의 중심을 단련하고 순발력을 키워 줍니다. 편을 나누어 경우 친구들과 협동심을 기르고 발의 모양과 놀이방법에 변화를 줄 수 있어 창의성 발달에도 도움이 됩니다. 놀이를 진행하면 돌을 던질 때 긴장감과 원하는 칸에 들어갔을 때의 큰 즐거움이 함께 합니다. 스트레스를 받다가 풀리는 기분과 같습니다.

놀이라는 것은 많이 하면 점점 잘하게 됩니다. 그러면 규칙이 더 세밀해지고 보완되면서 발전합니다. 하지만 자주 하지 않으면 좀 더 편한 규칙으로 쉽게 변형되기도 합니다. '사방치기'는 세계 곳곳에서 하는 놀이이며 판 모양이나 승리 방법을 변형시키면서 발전해온 재미있는 놀이입니다. 재미있기에 지금까지 이어진 이 놀이에 아이들과 함께 변화를 시도해보는 것이 어떨까요?

혼자서도 여럿이도 할 수 있는 사방치기!

교실에서 테이프로 선을 그어 1번부터 8번까지 도전해 보아요.

친구들과 규칙을 변형하면서 다양하게 해 봐요.

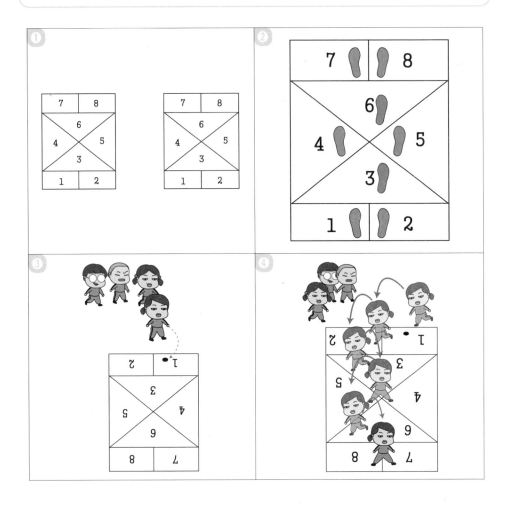

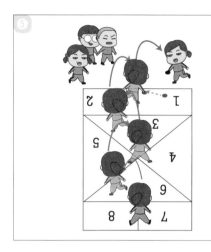

세움

- 준비물: 절연테이프, 바둑돌
- 공간 배치: 아이들의 책상과 의자를 최대한 앞으로 붙이거나 복도에 놓은 상태로 넓은 활동 공간을 마련

깨움

① 발목 돌리기, 무릎 굽혀 펴기, 허리 돌리기, 팔 돌리고 스트레칭, 목 운동
② '1번부터 8번까지'
  - 두 군데에 사방치기를 할 수 있는 밭을 그리고 남녀별로 실시한다.
  - 1줄로 서서 바둑돌을 1번부터 던지고 성공하면 2번을 도전한다. 실패하면 다음 친구가 1번을 던진다. 자기 차례에 왔을 때 실패했던 번호부터 던져본다. 8번까지 도전해 본다.
③ 게임규칙을 설명하면서 간단한 시범을 보인다.
④ 활동을 하면서 친구들과 부딪치지 않도록 한다.

배움

① 절연테이프를 이용하여 교실 두 군데에 ①그림과 같이 그려 놓는다.
②~④ 가위바위보를 하고 이긴 친구는 1번에 바둑돌을 던진다. 이 때 선을 벗어나거나 닿으면 다음 친구에게 기회가 간다. (1,2), (4,5), (7,8)번은 양발로 3,6번은 외발로 디딘다. 단, 양발이어도 바둑돌이 옆에 있으면 외발로 디뎌야 한다.
⑤ 돌아오다가 바둑돌이 있는 바로 앞밭에서 주우며 돌아오면 되고 다음 번호를 하게 된다.

⑥ 아웃되어서 자기 차례가 되면 아웃된 단계부터 하면 된다. 8번까지 끝내고 먼저 집으로 돌아온 친구가 이긴다.

 바꿈

① 바둑돌 대신 비석이나 콩주머니 같은 것으로 해도 좋다.
② 상황에 따라 바둑돌이 금을 닿은 것과 바둑돌을 주울 때 손을 짚는 것을 허락해 줄 수 있다.

나눔

① 활동을 하고 느낀 점을 서로 이야기한다.
② 손목, 발목, 허리를 풀어주는 정리운동을 실시하고 교실을 정리한다.

46. 찾아라, 찾았다!

　눈을 가리고 하는 전통놀이를 '까막잡기'라고 합니다. 지방에 따라서 '봉사놀이', '소경놀이', '판수 놀이'라고도 불립니다. 전래놀이의 경우 술래는 단순한 소경의 역할 뿐만 아니라 내손으로 잡은 다른 사람의 이름까지 알아맞혀야 합니다. 그렇기에 점을 치는 소경을 '판수'라고 했기에 '판수놀이'라고 불리기도 했습니다. 옛이야기를 살펴보면 전국적으로 널리 분포되었고 주로 달 밝은 밤에 여자 어린이들이 많이 한다고 전해집니다.

　이 놀이를 하면 '보인다', '볼 수 있다'라는 일상의 중요성을 마음에 새기게 됩니다. 보기 위해서는 눈이 정말 중요하다는 것과 보이지 않는 순간 의지하게 되는 청각, 촉각 등 다른 감각에 대해 더 깊이 집중하여 느끼게 됩니다.

　눈을 가린 상태에서 소리에 의존해서 움직이고, 누군가를 잡기 위해 팔을 더듬거리며 움직이는 것은 색다른 경험입니다. 우리 주위의 앞을 볼 수 없는 사람들의 심정도 느낄 수 있습니다. 장애이해교육과 연계하면서 그들의 어려움이 무엇일지 생각하고 몸과 마음으로 느끼는 기회가 될 수 있습니다.

　'찾아라, 찾았다!' 활동처럼 보이지 않는 상황을 제시하는 놀이가 많습니다. 대부분의 아이들이 처음에는 두려워하다가 그 어색한 느낌에 적응하고 귀 기울여 게임에 참여합니다. 주의할 점은 바닥이 평평하고, 장애물이 없는 적당한 구역을 정해야 합니다. 특히 보이지 않은 상황에서 작은 소리에 이끌리듯 빠르게 움직일 수 있으니 술래가 작은 단서를 잡기 위해 서둘러 움직이지 않도록 세심히 지켜봐야 합니다. 야외에서 할 경우 아이들이 너무 멀리 나가지 않도록 해야 술래가 힘들지 않도록 배려할 필요가 있습니다.

안대를 쓴 술래 1명

교실 곳곳에 숨어 있는 친구들을 찾아요.

친구들은 몸을 움직일 수 있으나 발을 뗄 수는 없어요. 친구를 잡으면 '찾았다'라고 외쳐요.

세움

- 준비물: 안대
- 공간 배치: 아이들의 책상과 의자를 최대한 앞으로 붙이고 넓은 활동 공간을 마련

 깨움

① 발목 돌리기, 무릎 굽혀 펴기, 허리 돌리기, 팔 돌리고 스트레칭, 목 운동
② '까막잡기'
   – 전래놀이로 일정한 공간 내에서 술래가 안대를 쓰고 다른 친구들을 잡는 활동
   – 친구들은 박수를 치면서 도망갈 수도 있다.
③ 게임규칙을 설명하면서 간단한 시범을 보인다.
④ 술래가 움직이면서 교실의 사물함, 책상 등에 부딪치지 않도록 교사가 도움을 준다.
⑤ 교실 앞쪽 또는 위험한 곳에는 숨지 않도록 한다.

 배움

① 안대를 쓴 술래 1명은 교실 가운데에 있는다.
② 교사의 신호에 따라 친구들은 숨을 곳을 찾아 돌아다닌 후 멈춰 있는다.
③ "찾아라"라는 소리에 술래는 이곳저곳을 돌아다닌다.
④ 친구들을 잡으면 "찾았다"라고 말을 한다. 찾은 친구는 "아웃"이 되어 교실 앞쪽으로 간다.
   시간 내에 몇 명을 찾는지 활동을 보고 술래를 바꿔서 해 본다.

 바꿈

① 술래가 못 찾으면 교사가 "박수 치기"의 미션을 줄 수 있다.
② 상황에 따라 술래의 수를 늘릴 수 있다.
③ 숨는 친구들에게 '한 발'은 뗄 수 있도록 할 수도 있다.

 나눔

① 활동을 하고 느낀 점을 서로 이야기한다.
② 손목, 발목, 허리를 풀어주는 정리운동을 실시하고 교실을 정리한다.

47. 무릎 씨름

우리나라의 전통씨름에서 유래된 힘겨루기 놀이들이 있습니다. 조상들은 힘겨루기를 즐겨했는데, 전신의 힘을 쓰는 놀이를 만들면서 '한 발로 오래 서기'나 '닭싸움'같이 무릎으로 힘과 재주를 쓰는 놀이도 생각해 냈다고 합니다. 몸을 이용한 힘겨루기는 놀이방법이 간단하고 다른 준비물이 필요하지 않습니다. '닭싸움'의 경우 '깨금발발싸움'이라는 이름으로 전국 곳곳에서 하였다고 합니다. 아이들끼리 서로 힘이 더 세다고 우기다가도 닭싸움으로 우열을 가렸다고 합니다. 다리 힘만 아니라 전체적인 균형 감각, 순간적인 공격력, 상황 파악, 상대의 수준 파악 등을 고려해야 하기에 이긴 사람이 더 힘이 세다고 판단하였기 때문이라 입니다.

'무릎씨름'은 동적으로 움직이는 활동은 아닙니다. 두 친구가 서로 마주 앉아서 자신의 다리 힘만을 이용하여 상대와 공격과 방어를 하면서 힘겨루기를 합니다. 다리만 이용해서 하는 힘겨루기는 많지 않습니다만 다소 생소한 활동이라도 상대를 이기고 싶은 마음, 과시하고 싶은 마음은 누구나 갖고 있습니다. 게임을 하면서 이기면 스스로에게 자부심을 갖게 되고 마음은 신나지만, 지면 순식간에 풀이 죽습니다. 공격과 방어를 하면서 버티는 쪽과 벌리는 쪽을 번갈아 경험합니다. 당연히 이기면 좋겠지만, 진다고 해서 나쁘지 않습니다. 요즘 아이들은 이기는 것만이 최고로 생각하는 경우가 많습니다. 아이들이 접하는 대중매체나 사회의 분위기 등 모두가 이겨야 한다고 합니다. 실제로 살다보면 지는 경우가 더 많은데도 말입니다. 지더라도 최선을 다하는 것이 훨씬 중요하다는 사실을 알았으면 좋겠습니다. 이기더라도 교만하지 않고 진 상대를 격려해주는 배려가 있으면 좋겠습니다. 사회에서 승자독식이나 경쟁을 내세우더라도 교실에서는 서로를 존중하는 마음, 배려하는 마음이 더 강조되어야 합니다.

두 사람이 짝이 되어 한명은 오므리고 한명은 벌려 오므린 친구 다리를 맞댄 후

오므린 친구는 벌려야 하고 벌린 친구는 오므리지 못하게 막아야 해요.

마지막으로 남은 무릎 씨름 왕은 누가 될까요?

세움

- 준비물: 의자 2, 고깔콘 2, 공 2
- 공간 배치: 아이들의 책상과 의자를 그대로 둔 상태

 깨움

① 발목 돌리기, 무릎 굽혀 펴기, 허리 돌리기, 팔 돌리고 스트레칭, 목 운동
② '무릎 공 릴레이'
　　– 3m정도 앞에 고깔콘을 둔 후 두 팀으로 나눈다.
　　– 무릎 사이에 공을 끼고 깡충깡충 뛰면서 고깔콘을 먼저 돌아온 팀이 이긴다.
③ 게임규칙을 설명하면서 간단한 시범을 보인다.
④ 무릎이 너무 아픈 친구는 쉬도록 한다.

 배움

① 2명이 짝이 되어 의자에 앉는다.
② 가위바위보를 하고 이긴 친구가 먼저, 공격 또는 방어를 할지 정한다.
③ 공격을 한 친구는 두 다리를 오므려 앞 무릎이 닿게 하고 방어하는 친구는 다리를 벌려 공
　　격하는 친구의 오므린 다리를 벌린 다리로 댄다.
④ 신호에 따라 공격하는 친구는 힘을 주어 오므린 다리를 벌리려고 하고 방어하는 친구는 벌
　　리지 못하게 힘을 준다. 5초 동안 시간을 두고 공격과 방어 역할을 바꾸고 더 많이 벌리게
　　한 친구가 이긴다. 비슷한 친구끼리 토너먼트를 해서 결승전까지 가도 좋다.

 바꿈

① 상황에 따라 시간을 줄이거나 늘릴 수 있다.
② 일찍 탈락한 친구는 탈락한 친구끼리 한 쪽에서 하도록 해 준다.

 나눔

① 활동을 하고 느낀 점을 서로 이야기한다.
② 손목, 발목, 허리를 풀어주는 정리운동을 실시한다.

48. 플라잉디스크로 도전!

플라잉디스크라 불리는 원반던지기는 원래 '에어로비', '프리즈비'라는 이름으로 불립니다. 원래 플라잉디스크를 판매하는 회사의 브랜드명인데 워낙 유명해지면서 브랜드명이 일반 명사처럼 불리고 있습니다. 실제로 전 세계 6,000만 명의 동호인과 700만의 경기인이 있으며 세계플라잉디스크연맹에 가입된 가맹 및 준가맹국도 50개국이 넘고, 세계 대회도 운영되고 있습니다.

그 기원은 고대인도의 무기 개량에서 아이디어가 생겼다는 설과 미국 예일 대학의 학생들이 파이 접시를 던지는 것에서 시작되었다는 설이 있습니다. 다양한 스포츠와 레포츠 종목으로 발전되었고, 우리나라에서는 엘리트 체육정책의 영향으로 제대로 소개되지 않다가 근래 뉴스포츠의 보급과 함께 그 저변이 확대되고 있습니다. 간단하면서 집중력이 필요하지만 방법이 어렵지 않기에 학교에서 활용도가 높아지는 종목입니다.

플라잉디스크는 야구공이 날아가는 것과는 다른 궤적을 그립니다. 날아가는 속도는 다른 공보다 훨씬 늦고, 날아가면서 추진력이 약해지고 공기의 저항을 받으면서 궤적의 변화가 빨라집니다. 그러기에 던지고 받는 과정에서 집중력과 판단력이 필요합니다.

던지기 기술도 백핸드 던지기, 포핸드 던지기, 오버핸드 던지기가 있는데, 등 뒤로 던지기, 다리 아래로 던지기 등 다양한 응용자세도 있습니다. 받기는 양손받기, 한 손받기가 있는데, 달리며 받기, 등 뒤로 받기, 다리로 받기, 머리로 받기 등 여러 형태로 활동이 가능합니다. 몇 번 던지면서 상대와 호흡을 맞추면 자연히 주고받기가 터득되는 활동입니다.

한정된 공간에서 할 때는 좀 더 세심한 주의가 필요합니다. 조심스레 플라잉디스크를 던져서 목표물을 맞출 때는 주먹을 불끈 쥐는 통쾌함이 있습니다. 앞을 보면서 거리를 가늠하고 조심스레 던져 원하는 결과가 나왔을 때의 만족감을 위해 학생들 모두 흥미를 갖고 집중해서 경기에 참여하는 모습을 볼 수 있습니다.

교실에서 플라잉디스크를 가지고 놀아요.

플라잉디스크 골프, 플라잉디스크 볼링, 플라잉디스크 사격, 플라잉디스크 양궁……

또 다른 경기는 무엇이 있을까요?

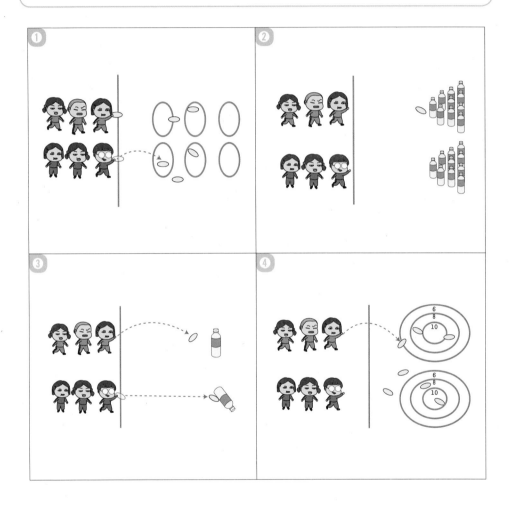

세움

- 준비물: 플라잉디스크(천), 훌라후프 6개, 볼링핀 10개
- 공간 배치: 아이들의 책상과 의자를 최대한 앞으로 붙이고 넓은 활동 공간을 마련하거나 복도에 놓기

 깨움

① 발목 돌리기, 무릎 굽혀 펴기, 허리 돌리기, 팔 돌리고 스트레칭, 목 운동
② 게임규칙을 설명하면서 간단한 시범을 보인다.
③ 교실에서 활동을 하기 때문에 천으로 된 디스크를 사용한다.
④ 플라잉디스크로 장난치지 않도록 조심한다.

 배움

① '플라잉디스크 골프'
　– 두 팀으로 나누어 훌라후프 3개를 거리별로 놓고 던져서 넣어보기
② '플라잉디스크 볼링'
　– 두 팀으로 나누어 볼링핀 10개를 세워 놓고 밑쪽에서 던져 쓰러뜨려보기
③ '플라잉디스크 사격'
　– 두 팀으로 나누어 1개의 볼링핀을 세워 놓고 맞혀 보기
④ '플라잉디스크 양궁'
　– 두 팀으로 나누어 칠판에 그려진 점수판에 던져 많은 득점을 해 보기

 바꿈

① 상황에 따라 거리나 개수, 높이를 조절할 수 있다.
② 볼링핀이 없을 경우 페트병을 이용할 수 있다.

 나눔

① 활동을 하고 느낀 점을 서로 이야기한다.
② 손목, 발목, 허리를 풀어주는 정리운동을 실시한다.

한계에 도전을! 일링크스

49. 바둑돌을 모아라

별다른 도구 없이 어디서나 쉽게 할 수 있고, 자투리 시간을 활용할 수 있는 활동입니다. 놀이의 이름에서 알 수 있듯이 '바둑돌'을 많이 모으는 사람이 승리합니다.

놀이의 축은 크게 두 가지입니다. 하나는 다양한 게임을 다니면서 친구들과 하는 것이고 다른 하나는 승리해서 바둑돌을 모으는 것입니다. 아이들에게 친근한 놀이를 선정하고 이를 가지고 게임에 임하는데, 바둑돌을 가지고 승부를 내어 가져오거나 주는 것입니다.

놀이의 매력은 두 가지입니다. 일단 쉽다는 것이고, 하나는 보상을 얻는 것입니다. 쉬운 놀이는 실력보다는 운이 함께 따라야 합니다. 누구나 승리할 수 있고 이기면 상대에게서 바둑돌이라는 보상을 받는 것입니다. 공부를 잘하거나 운동을 잘하는 것과 상관없는 묵찌빠나 참참참, 가위바위보로 승부를 보는 것입니다. 운이 있어야 한다는 것은 누구나 해볼만 하다는 것이며, 한번 졌다고 끝나는 것이 아니라 남은 바둑돌로 다른 곳에서 승리를 해 다시 보충할 수 있습니다.

아이들에게 판을 벌려주면 그 안에서 뛰어놀 수 있습니다. 선생님의 역할이 이러한 판을 만들어 주고 보장해주는 것이지 않을까요? 공부하는 판, 놀이할 수 있는 판, 친구들과 하나 되는 판이 그것입니다. 교실체육도 교실이라는 판을 아이들에게 맞는 활동으로 채워주는 것이라 생각됩니다.

본 활동에는 종목선정을 위한 승부가 하나 더 있습니다. 그것은 종목을 정해주지만, 그 종목을 정하는 것은 당사자들이라는 것입니다. 누가 더 잘하는 것이 아니라, 가위바위 보로 종목을 정하고 이를 통해 승부를 내는 것입니다. 가위바위보라는 우연에 의한 승부로 종목을 정하고 게임을 하여 승부에 승복하게 됩니다. 작은 활동들이 모여 큰 즐거움을 만들어 냅니다. 안타깝게 자리에 앉게 되는 이른 탈락자들에겐 바둑돌을 슬며시 쥐어주어 기회를 더 주는 것은 어떨까요?

아이들과 만든 간단한 놀이(손바닥 씨름, 묵찌빠 등)를 정하고 돌아다니면서
친구와 만나 활동을 하고 이기면 바둑알을 1개 받고 지면 바둑알을
1개를 줘야 해요. 바둑돌을 많이 모아 볼까요?

세움

- 준비물: 개인당 바둑돌 5개
- 공간 배치: 아이들의 책상과 의자를 최대한 앞으로 붙이고 넓은 활동 공간을 마련

깨움

① 발목 돌리기, 무릎 굽혀 펴기, 허리 돌리기, 팔 돌리고 스트레칭, 목 운동

② '바둑돌 5개 모으기'

   – 선생님과 가위바위보를 해서 이기면 바둑돌을 1개 준다.

   – 모든 친구들이 바둑돌을 모을 수 있도록 한다.

③ 게임규칙을 설명하면서 간단한 시범을 보인다.

④ 활동을 하면서 교실에 있는 책상과 친구들과 부딪치지 않도록 한다.

배움

① 아이들과 함께 간단히 활동할 수 있는 놀이를 5개 정도 정한다.

   (손바닥 씨름, 묵찌빠, 돼지씨름, 참참참, 발로 가위바위보 등)

② '깨움'에 모은 바둑돌 5개를 가지고 돌아다니다가 친구를 만나면 가위바위보를 한다.

③ 이긴 친구는 5개의 놀이 중 자신이 자신 있는 놀이를 선택하여 친구와 겨룬다.

④~⑥ 이기면 바둑돌을 진 친구에게 1개 가져온다. 다 잃은 친구는 책상에 걸터앉는다. 정해진 시간 동안 가장 많은 돌을 모으면 된다.

바꿈

① 바둑돌 대신 공기돌을 사용해도 된다.

② 상황에 따라 바둑돌의 수, 놀이의 개수, 정해진 시간을 바꿀 수 있다.

③ 탈락한 친구에게 바둑돌을 추가로 주어 참여하게 할 수 있다.

 나눔

① 활동을 하고 느낀 점을 서로 이야기한다.

② 손목, 발목, 허리를 풀어주는 정리운동을 실시하고 교실을 정리한다.

50. 미션 임파서블

무려 20년 동안 6편의 시리즈로 제작된 영화 '미션 임파서블'은 이제 하나의 브랜드
가 되었습니다. 영화에 나오는 이단 헌트라는 주인공은 현장 요원으로 무려 20년을 생
활했으니 이젠 그 업계의 전설이라 불립니다.

영화를 보면 얼굴에 가면을 쓴 특수 분장을 하는 장면이나 "임무를 전달하겠습니다.
또 네가 받아들인다면……"식의 임무지령을 전달 받은 후 몇 초 후 전달한 기기가 폭
발해서 사라지는 것도 인상 깊은 장면입니다. 무엇보다 영화에서 제시한 상황이나 배
우의 대사를 보면 불가능하다는 말이 있지만 결국에는 모두 가능으로 만들어 버리는
과정을 보여주는 재미가 있습니다.

영화에서 놀라운 임기응변 능력을 가진 주인공이 나옵니다. 하지만 주인공의 미션
을 성공하게 만드는 이들은 그 뒤에서 주인공 이상으로 활약하는 팀이 있습니다. 혼자
서는 '임파서블'이지만 함께 하기에 성공하는 것입니다.

교실체육의 마지막 활동에 다가가는 본 활동도 혼자서는 못합니다. 함께 하는 친구
들이 있기에 가능합니다.

우선 친구를 믿고 신뢰해야 합니다. 상대팀은 줄넘기 줄의 모양을 상대가 쉽게 통과
하지 못하게 만듭니다. 이 역시 같은 팀끼리 호흡이 맞아야 합니다. 어떤 모양으로 해야
상대가 곤란해질까? 라는 고민도 해야 하고 손을 맞춰 줄의 모양을 결정해야 합니다.

우리 편은 어떻게든 장애물을 통과해야 합니다. 눈을 가린 상태에서 앞을 볼 수 없
지만 같은 편 친구의 정보를 의지하여 손과 발을 움직이고 몸을 숙여 통과해야 합니다.
쉽지는 않지만, 함께 하는 친구의 정확한 정보를 내가 잘 이해하여 움직인다면 충분히
가능합니다.

불가능을 가능하게 만드는 영화의 즐거움이 본 활동을 통해 소소하게 다가올 수 있
습니다. 안대로 눈을 가린 본인은 모르는 엉뚱한 자세들이 다른 친구들에게 즐거움을
주는 것도 볼 수 있습니다. 함께 하면 가능해집니다.

오늘의 미션은 줄넘기줄을 넘어라! 안대를 쓰고 친구의 말을 믿고 따라야 해요.

줄넘기줄을 넘지 못하도록 어려운 모양을 만들어야 해요.

우리 모두 미션 임파서블의 주인공이 되어 볼까요?

세움

- 준비물: 안대 2개, 줄넘기 줄 2개, 매트
- 공간 배치: 아이들의 책상과 의자를 최대한 앞으로 붙이고 넓은 활동 공간을 마련

 깨움

① 발목 돌리기, 무릎 굽혀 펴기, 허리 돌리기, 팔 돌리고 스트레칭, 목 운동

② '줄넘기줄을 넘어라'

   −두 명이 줄넘기줄을 잡고 한명씩 넘어본다. 높이를 다양하게 해 본다.

③ 게임규칙을 설명하면서 간단한 시범을 보인다.

④ 안대를 쓴 친구가 줄넘기줄을 넘을 때 줄넘기줄 손잡이를 잡고 있는 2명은 줄을 움직이지 않도록 해야 한다.

⑤ 교실 상황에 따라 엎드려 기어서 이동할 때 바닥에 매트를 깔아도 된다.

 배움

① 두 팀으로 나누고 2명이 한 조가 된다.

② 한 팀의 1조(2명) 중 한 명이 안대를 쓴다.

③ 다른 팀의 1조의 2명이 줄넘기줄 2개를 가지고 상대방이 넘어가기 어려운 모양을 만들어 잡는다.(서로 마주보고 줄넘기줄 손잡이를 하나씩 잡는다.)

④ 안대를 쓰지 않는 친구는 안대를 쓴 친구에게 지시(두 발 왼쪽으로 가, 엎드려, 앞으로 가 등)을 하여 줄넘기줄을 건드리지 않고 넘어가게 한다. 성공하면 1점을 얻고 활동을 마친 후 득점을 많이 한 팀이 이긴다.

 바꿈

① 줄넘기줄을 3개로 하여 3명이 한 조가 되어 진행할 수 있다.

② 두 팀으로 나누고 줄넘기줄을 많이 하여 안대를 쓰지 않고 팀 대항으로 넘어보게 할 수 있다.

 나눔

① 활동을 하고 느낀 점(잘된 점, 어려운 점, 재미있었던 점)을 서로 이야기한다.

② 손목, 발목, 허리를 풀어주는 정리운동을 실시하고 교실을 정리한다.

51. 교실올림픽

4년마다 열리는 지구촌 축제인 올림픽. 올림픽은 가장 큰 규모로 전 세계가 시청하는 최대의 지구촌 최대의 이벤트입니다. 올림픽에서 금메달은 "신이 허락해야만 가질 수 있다"라고 할 정도로 세계에서 가장 명예롭고 권위 있는 상으로 여겨집니다. 교실 올림픽이라는 제목이 너무 크게 느껴질까요?

세계 평화에 기여하기 위해 만들어졌다는 올림픽을 교실에서도 개최할 수 있습니다. 공정하면서 재미있는 종목들을 선정하여 함께 즐길 수 있는 활동으로 진행하는 것입니다. 게임을 할 때 혼자서 하는 기록경기보다 함께 목소리를 높일 수 있는 같은 편이 있으면 힘이 납니다. 내가 없이 우리 편이 상대를 이기기 힘들다는 사실을 알고, 나와 우리가 하나가 되어 전체 속의 나를 발견할 수 있습니다.

응원을 하면서 동질감을 느끼게 되고 한 팀이란 이름으로 더 가까워질 수 있습니다. 지나치게 승부에 빠져들어 실수를 할 때도 있지만, 즐겁게 게임에 참여하면서 자연스레 웃으면서 넘어갈 수 있습니다.

컬링이나 창던지기 종목을 말하면 상상되는 장면들이 있어 뭔가 거창해 보이지만, 실제론 소박합니다. 모든 종목은 머리를 맞대면서 활동해야 하는 것들로 구성되어 있습니다. 운동장처럼 넓은 곳이 아니기에 기본적인 형식을 가져오지만, 내용은 작게 축소되어 있습니다. 여러 활동 중 어려운 것은 없습니다. 하지만 마음처럼 술술 잘 풀리는 종목은 아닙니다. 운이 필요하고, 팀의 도움이 있어야 성공하는 것도 있습니다. 태권도 같은 경우에는 두 명의 호흡이 중요합니다. 너무 멀리 또는 너무 가까이 던지면 주먹으로 치는 친구가 제 실력을 발휘할 수 없습니다. 물론 제 실력이라는 말보다는 타이밍이라는 말이 더 잘 어울리지만, 둘 사이의 호흡이 하나 되어야 하는 동료애가 필요한 활동입니다. 이렇듯 간단한 활동들이지만 다양한 종목이 어우러지면서 교실의 즐거움도 더해지는 모습을 확인할 수 있습니다. 아이들이 하나가 되는 작은 축제의 장이 만들어 지는 모습은 즐거운 장면이 됩니다.

교실에서 올림픽선수가 되어 도전해 보아요.

컬링, 수영, 축구, 댄스스포츠, 수중발레, 창 던지기, 역도, 태권도, 투포환, 양궁 등
또 다른 경기도 만들어 보아요.

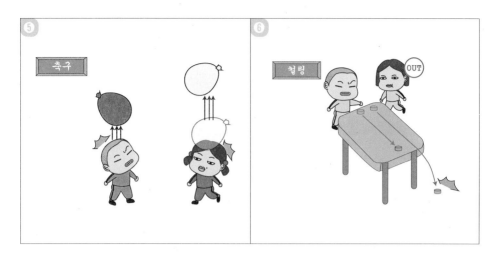

 세움

- 준비물: 병뚜껑, 풍선, 훌라후프, 빨대, 교과서, 종이컵, 화장지
- 공간 배치: 아이들의 책상과 의자를 최대한 앞으로 붙이고 넓은 활동 공간을 마련하거나 복도에 놓기

 깨움

① 발목 돌리기, 무릎 굽혀 펴기, 허리 돌리기, 팔 돌리고 스트레칭, 목 운동
② 두 팀으로 나누어 경기 종목만 알려주고 선수를 뽑도록 한다.
③ 경기를 하면서 책상과 친구들과 부딪치지 않도록 조심한다.

 배움

① '댄스스포츠'
 - 훌라후프를 오랫동안 돌린 친구가 승리
② '수영'
 - 10초간 풍선을 불어서 크게 만든 친구가 승리
③ '역도'
 - 양손에 교과서를 많이 올리면서 버틴 친구가 승리
④ '창던지기'
 - 빨대를 멀리 던진 친구가 승리
⑤ '축구'

    – 불어진 풍선을 머리로 오랫동안 친 친구가 승리

⑥ '컬링'

    – 책상 위에 병뚜껑을 대고 손가락으로 쳐서 멀리 나가게 한 친구가 승리

    – 책상 밖으로 나가면 아웃

⑦ '수중발레'

    – 두 손을 땅에 짚고 발로만 이용하여 양말을 먼저 벗은 친구가 승리

⑧ '태권도'

    – 2명이 짝이 되어 한 친구가 종이컵을 던지면 주먹 지르기로 멀리 나가게 한 친구가 승리

⑨ '투포환'

    – 불어진 풍선을 멀리 던진 친구가 승리

⑩ '양궁'

    – 코끼리코를 10번하고 물 묻은 화장지를 칠판 과녁에 가깝게 던진 친구가 승리

 바꿈

① 처음부터 종목의 규칙을 설명하면서 간단한 시범을 보여도 된다.

② '투포환' 할 때 풍선을 묶지 않는 상태에서 던져 보는 것도 재미가 있다.

③ '양궁' 할 때 코끼리코 개수를 다르게 할 수 있다.

④ 학생들과 이야기하여 새로운 종목을 만들어 볼 수 있다.

 나눔

① 활동을 하고 느낀 점을 서로 이야기한다.

② 손목, 발목, 허리를 풀어주는 정리운동을 실시한다.